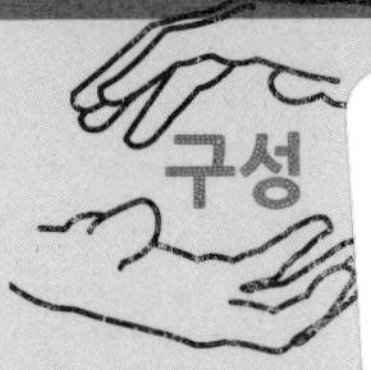

3단계 중요도
2012~2024 수능영어 기출어휘 8,000개를 사용된 빈도에 따라
붉고 굵은 단어: 15회 이상, 주로 초등 수준
검은 굵은 단어: 14회~5회, 주로 중등 수준
검은 가는 단어: 4회~1회, 주로 고등~성인 수준
단어 앞의 *은 수능 수준 밖의 단어(수능 기출에서 별도 표기)입니다.

154 **about** [ə'baʊt] ~에 관하여
17 **above** [ə'bʌv] ~위에
3 **absence** ['æbsəns] 부재 10단원

기출 횟수

수록 단어 개수
명사의 복수형,
동사의 단수형을 빼고,
6,500단어 수록.

발음기호, 한글 뜻
모르는 어휘도
읽고 익힐 수 있도록
발음기호와 뜻 수록.

단원 표기
〈고등영어 독해비급〉에 수록된 단원 표시.

※활용법: 찾아본 단어는 꼭 밑줄긋고, 이미 아는 단어는 ~~지우~~세요.

수능영어 단어사전
1판 1쇄 2023년 12월 14일 | **지은이** Mike Hwang | **발행처** Miklish
전화 010-4718-1329 | **홈페이지** miklish.com
e-mail iminia@naver.com | **ISBN** 979-11-87158-72-1

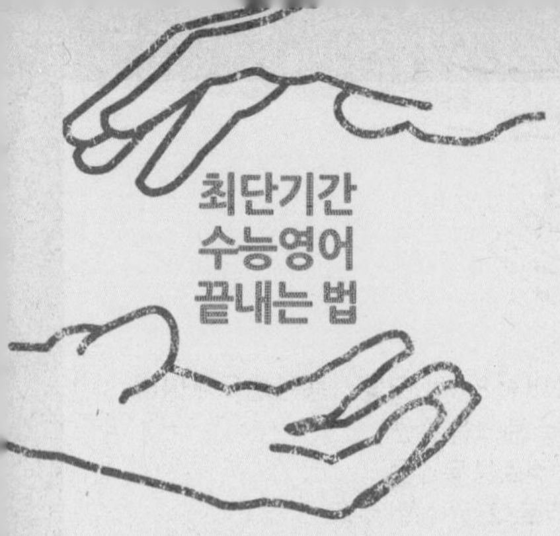

수능 영어 듣기 끝내기

❶ '기출 문제' 1회 풀기

1회의 양이 많다면, 처음에는 2~5문제만 해도 좋습니다.

❷ 틀린 문제는 반복해서 들으면서 전체를 받아 적기

받아 적을 때는 한 문장씩 끊어서, 반복해서 들으면서 받아 적습니다.
3번 이상 들어도 들리지 않는 것은 '한글'로 적으면 됩니다.

❸ 스크립트를 보고 틀리게 적은 부분을 고치기

❹ 스크립트를 보고 해석하면서 모르는 단어는 단어장에 정리하기

❺ 틀린 문제의 원어민 MP3를 틀고 스크립트를 보며 3회 이상 따라 읽기

❻ 문제의 MP3를 틀고 스크립트를 보지 않고 3회 이상 따라 말하기

처음에 스크립트를 보지 않고 따라 말하는 것은 어려울 수 있습니다. 1~2달 훈련한 이후에 스크립트를 보지 않고 말하셔도 좋습니다.

매일 1시간씩 2~3달 동안 익히면, 이후에는 수능영어 듣기를 모두 맞출 수 있습니다. 처음에는 실력이 느는지 알 수 없지만, 한 달 뒤부터는 맞추는 개수가 확연히 늘어납니다. 마이클리시 책 중에 받아 쓰기와 따라 말하기가 있는 <잠언 영어성경>, <유레카 팝송 영어회화>, <앨리스 영화영어>, <TOP10 연설문>을 활용하시면 더 즐겁게 영어 듣기를 익힐 수 있습니다.

수능영어
단어사전

수능 영어 어휘 끝내기

수능 기출 6~8회에 나오는 모든 영어 단어를 익히면 이후에는 대부분의 단어(98% 이상)를 알 수 있습니다.

❶ 기출 문제를 1회 풀기

어려워서 1회분을 하루에 다 못한다면 하루에 2~5문제만 해도 좋습니다.

❷ 꼼꼼하게 해석하며 단어 정리 (강의 rb.gy/nz4e21 를 활용)

기출 1회분을 꼼꼼하게 해석하는 건 어렵고 오래 걸립니다. 해석 방법을 모르면 원리를 이해할 수도 없습니다. 해석 방법은 마이클리시의 <중학영어 독해비급>이나 <고등영어 독해비급>을 추천합니다. 독해와 관련된 마이클리시 책은 이 책(수능영어 단어사전)의 4~6쪽에 있습니다.

❸ 매일 2회 이상 반복해서 같은 기출 지문 10~50회 해석하기

기출 지문 하나를 반복해서 해석하면 점점 속도가 빨라집니다. 모르는 단어도 전부 알게 됩니다.

모르는 단어의 뜻은 <수능영어 단어사전>을 활용하세요. 단어를 정리하고 외우는 법은 무료 강의(rb.gy/nz4e21)에 있습니다. 그리고 2025년 중순에 출간되는 <영어단어 시리즈(초등, 중등, 수능)>를 보면 훨씬 편하게 단어를 암기할 수 있습니다.

최단기간
수능영어
끝내는 법

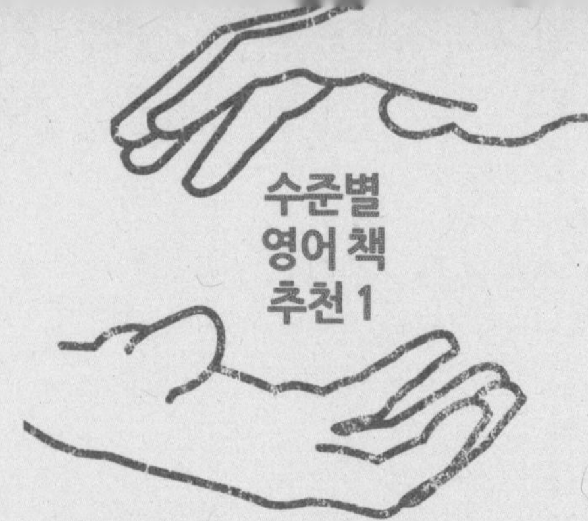

단단 기초 영어공부 혼자하기 초등학생 수준

영어가 두렵지 않고 재미있어집니다.

영어를 겨우 읽는 수준이라면 이 책을 보고, 영어를 전체적으로 보는 힘을 길러야 합니다. 더 쉽게 익힐 수 있도록 큰 글씨로 만들었고, 모든 단어에 '한글발음'을 같이 적었습니다.

이 책을 통해 영어를 '학문'이 아니라 '언어'로서 먼저 접하고 즐겁게 말하며 써보기를 권합니다. 무료 영상 강의도 있으니 꼭 활용해 보세요.

영어를 읽기도 어렵다면 <2시간에 끝내는 한글영어 발음천사>를 추천합니다.

(저는) 과거에 영어강사를 했었고, 초등 저학년부터 성인까지 두루 영어를 가르친 경험이 있습니다.
서점에는 책들이 엄청 넘쳐나는데 성인기초학습자에게 괜찮은 책이 마땅치 않다는 것이었습니다.
정말 이런 게 필요했거든요. ***여러 수업을 책 한 권에 녹여놓았다*** *해도 과언이 아니네요. -growi***

소재가 재미있어서 ***전혀 지루하지 않아요****. 백날 외워도 영어로 말할 수 없고 영어책을 한번도 끝까지 본 적이 없는 제가* ***이렇게 쉽게 영어공부를 해보기는 처음*** *인 것 같네요~ -recip***

더 많은 책 소개
rb.gy/ixe8mw

중학영어 독해비급 중학생 수준

한 권으로 중학교 2학년 수준의 모든 문장을 해석할 수 있습니다.

중학교 교과서 13종 전종, 39권에서 같은 문장 구조를 가진 핵심 문장을 뽑아서 구문독해를 익힙니다.

구 단위의 해석을 한 이후 문장 해석으로 넘어가기에, 초등학생부터 어르신까지 누구나 쉽게 영어를 해석할 수 있습니다.

무료 영상 강의가 있으며, 모든 문장은 원어민 MP3를 통해 들어볼 수 있습니다.

이 책으로 아이가 감을 잡고 저도 공부해서 팬이 되어서... 무엇보다도 책안에 ***용기를 주는 명언이나 느부갓네살 이야기*** *등등... 그것이 공부하는 동기도 되고... 학생들을 진짜 영어가 잘되게끔 해주고 싶으신 것이 마음으로 느껴지는 책이었습니다. - Ocho C***

엄청 재미있다. 무지하게 쉽다... ***나처럼 지구력이 부족한 사람도 끝까지 볼 수 있다****는 게 이 책의 크나큰 장점이다... 영어공부 책이 이리 재밌어도 되는걸까 - ilmare***

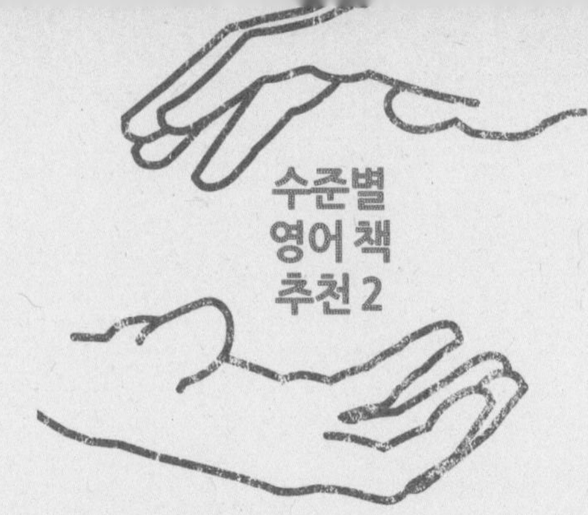

수준별 영어 책 추천 2

고등영어 독해비급 고등학생 수준 1

수능 2등급 완성! 무료 영상 강의!
세상의 모든 영어 문장 해석 가능!

구문 독해 따로, 지문 독해 따로가 아니라 한 권 안에서 전부를 녹여 냈습니다.

주제 하나를 두가지로 나눠 설명하는 17가지 직독직해 비법으로, 수능 1~3등급을 최단시간에 만들 수 있습니다. 만약 두 등급이상 상승하지 못하면 4만 원을 환불해 드립니다.

단원당 3문제씩 수능 기출 51문제를 쉽게 변형했고, 단어와 문장 구조를 쉽게 바꿔서 학습하기 편합니다.

직독직해에 대한 모든 내용이 담겨있고, 이 책으로 고등영어는 물론, (단어를 아는 조건 하에) 세상의 모든 영어문장(99% 이상)을 해석할 수 있습니다.

또한, 자신에게 딱 맞는 직업을 찾을 수 있는 방법에 대한 만화와 이야기도 담겨있습니다.

더 많은 책 소개
rb.gy/ixe8mw

수능영어 독해비급 고등학생 수준 2

수능 1등급 완성!
글의 맥락 이해와 문제 풀이 비법!

<수능영어 독해비급>에는 해석법이 담겨 있지 않습니다. 문단의 '흐름'과 '문제 풀이 요령'을 담았습니다. 2026년 말에 출간될 예정입니다.

<수능영어 독해비급>보다 더 깊이있는 영어 독해/직독직해를 익히고 싶다면, <TOP10 연설문>과 <TOP10 영한대역 단편소설>을 추천합니다.

a

1447 **a** [ə,eɪ] 하나의
2 *abatement [ə'beɪtmənt] 감소, 경감
1 abbreviated [ə'bri:vieɪtɪd] 축약된
27 **ability** [ə'bɪləti] 능력, 가능
testability 테스트 가능성
transportability 운송 가능성
15 **able** ['eɪbl] ~할 수 있는
1 aboard [ə'bɔ:rd] 승선하여
1 abolishing [ə'bɒlɪʃɪŋ] 폐지하는
154 **about** [ə'baʊt] ~에 관하여
17 **above** [ə'bʌv] ~위에
3 **absence** ['æbsəns] 부재 10단원
1 absent ['æbsənt] 결석한
4 absolutely [,æbsə'lu:tli] 절대적으로 9,10단원
absolute 절대적인
3 absorb [əb'zɔ:rb] 흡수하다 11단원
absorption 흡수
6 **abstract** ['æbstrækt] 추상적인 17단원
1 absurd [əb'sɜ:rd] 터무니없는
3 abundance [ə'bʌndəns] 풍부함
abundant 풍부한
3 academic [,ækə'demɪk] 학문의
academy 학원
4 accelerate [ək'seləreɪt] 가속하다 7단원
accelerating 가속하는
19 **accept** [ək'sept] 받아들이다
acceptable 받아들일 수 있는 acceptance 수용
accepted 받아들여진
26 **access** ['ækses] 접근 6단원
accessible 접근 가능한
2 accident ['æksɪdənt] 사고
3 accidental [,æksɪ'dentl] 우연한
accidentally 우연히
3 accommodation [ə,kɒmə'deɪʃn] 숙박 시설
2 accompanied [ə'kʌmpənid] 동반된
5 **accomplish** [ə'kʌmplɪʃ] 성취하다
accomplished 숙련된 accomplishment 성취
19 **according to** [ə'kɔ:rdɪŋ tu] ~에 따라 2단원
23 **account** [ə'kaʊnt] 계정 15단원
accountable 책임이 있는 accounted 설명된
accounting 회계
5 **accumulate** [ə'kju:mjəleɪt] 축적하다
accumulated 축적된 accumulation 축적
18 **accurate** ['ækjərət] 정확한 12단원
accuracy 정확성 accurately 정확하게
1 accusation [,ækju'zeɪʃn] 비난
1 achievable [ə'tʃi:vəbl] 달성 가능한
14 **achieve** [ə'tʃi:v] 달성하다 15단원
achieved 달성된 achievement 성취
achieving 달성하는
2 acid ['æsɪd] 산성
2 acknowledge [ək'nɒlɪdʒ] 인정하다
acknowledged 인정된
2 acoustical [ə'ku:stɪkl] 음향의
3 *acquaintance [ə'kweɪntəns] 지인, 면식
acquainted 익숙해진
12 **acquire** [ə'kwaɪər] 획득하다 17단원
acquiring 획득하는 acquisition 획득
23 **across** [ə'krɔ:s] 가로질러
35 **act** [ækt] 행동하다, 연기하다
acted 행동했다 acting 연기하는 action 행동
14 **active** ['æktɪv] 활동적인
actively 적극적으로
39 **activity** [æk'tɪvəti] 활동
7 **actor** ['æktər] 배우
1 actuality [,æktʃu'æləti] 현실
1 actualize ['æktʃuəlaɪz] 실현하다
23 **actually** ['æktʃuəli] 실제로
actual 실제의
1 acuity [ə'kju:əti] 예리함
1 ad [æd] 광고 (advertisement)
6 **adapt** [ə'dæpt] 적응하다
adapted 적응된 adapting 적응하는
1 adaptability [ə,dæptə'bɪləti] 적응성
7 **adaptation** [,ædæp'teɪʃn] 적응
3 adaptive [ə'dæptɪv] 적응력 있는
adaptively 적응적으로
17 **add** [æd] 더하다
added 추가된 adding 추가하는
26 **addition** [ə'dɪʃn] 추가 2단원
additional 추가적인 additionally 추가적으로
7 **address** [ə'dres] 주소, 다루다
addressed 다룬 addressing 다루는
1 adequate ['ædɪkwət] 충분한
2 adjunct ['ædʒʌŋkt] 부가물
8 **adjust** [ə'dʒʌst] 조정하다 7단원
adjusted 조정된 adjusting 조정하는
adjustment 조정
5 **administrative** [əd'mɪnɪstrətɪv] 관리의
administered 관리된 administrator 관리자
1 admiration [,ædmə'reɪʃn] 감탄
2 admire [əd'maɪər] 감탄하다
admired 존경받는
4 admission [əd'mɪʃn] 입장 2단원
1 admittedly [əd'mɪtɪdli] 인정하건대
9 **adopt** [ə'dɒpt] 채택하다
adopted 채택된 adopting 채택하는
adoption 입양
1 adrift [ə'drɪft] 표류하는
24 **adult** [ə'dʌlt] 성인
adulthood 성인기
10 **advance** [əd'væns] 전진 15단원
advanced 고급의 advancing 진보하는
15 **advantage** [əd'væntɪdʒ] 이점
1 advent ['ædvent] 출현
2 adventure [əd'ventʃər] 모험

2 adverse ['ædvɜːrs] 불리한
1 adversity [əd'vɜːrsəti] 역경
14 **advertising** ['ædvərtaɪzɪŋ] 광고 15단원
advertisement 광고 advertiser 광고주
11 **advice** [əd'vaɪs] 조언
advise 조언하다 advised 조언한 adviser 조언자
advisory 자문의
4 advocacy ['ædvəkəsi] 옹호
5 **advocate** ['ædvəkeɪt] 옹호하다
1 aerial ['eəriəl] 공중의
2 *aerodynamics [ˌeroʊdaɪ'næmɪks] 공기역학
2 aesthetically [es'θetɪkli] 미학적으로
1 affair [ə'feər] 불륜, 업무
12 **affect** [ə'fekt] 영향을 미치다 11단원
affected 영향을 받은 affecting 영향을 미치는
2 affection [ə'fekʃn] 애정
1 affirm [ə'fɜːrm] 확언하다
1 affordable [ə'fɔːrdəbl] 감당할 수 있는
1 afloat [ə'floʊt] 떠 있는
9 **afraid** [ə'freɪd] 두려워하는 1단원
10 **Africa** ['æfrɪkə] 아프리카
African 아프리카의
54 **after** ['æftər] ~후에
1 afternoon [ˌæftər'nuːn] 오후
1 afterschool ['æftərskuːl] 방과 후의
1 afterward ['æftərwərd] 후에
16 **again** [ə'gen] 다시
11 **against** [ə'genst] ~에 반대하여
44 **age** [eɪdʒ] 나이
aged 나이 든 aging 노화
2 agency ['eɪdʒənsi] 대리점
3 agent ['eɪdʒənt] 대리인 17단원
2 *aggregate ['ægrɪgət] 집합체, 총계
1 aggressive [ə'gresɪv] 공격적인
9 **ago** [ə'goʊ] 전에
16 **agree** [ə'griː] 동의하다 1,8,9단원
agreed 동의한 agreeing 동의하는
agreement 동의
9 **agriculture** ['ægrɪkʌltʃər] 농업
agricultural 농업의 agriculturalist 농업 전문가
5 **ahead** [ə'hed] 앞에
6 **AI** [ˌeɪ'aɪ] 인공지능 (Artificial Intelligence)
7 **aid** [eɪd] 돕다
3 aim [eɪm] 목표
10 **air** [eər] 공기
airborne 공수의 airline 항공사 airport 공항
5 **aisle** [aɪl] 통로 15단원
5 **alarm** [ə'lɑːrm] 경보
2 Alaska [ə'læskə] 알래스카
Alaskan 알래스카의

4 album ['ælbəm] 앨범
2 alert [ə'lɜːrt] 경계하는 8단원
alerted 경고된
2 algorithm ['ælgərɪðəm] 알고리즘
2 alike [ə'laɪk] 비슷한
2 alive [ə'laɪv] 살아있는
143 **all** [ɔːl] 모든
overall 전반적인
3 allergy ['ælərdʒi] 알레르기 4단원
allergic 알레르기의
1 alliance [ə'laɪəns] 동맹
2 allocate ['æləkeɪt] 할당하다
allocating 할당하는
34 **allow** [ə'laʊ] 허용하다
allowed 허용된 allowing 허용하는
1 almighty [ɔːl'maɪti] 전능한
8 **almost** ['ɔːlmoʊst] 거의
6 **alone** [ə'loʊn] 혼자
19 **along** [ə'lɔːŋ] ~을 따라
1 alongside [əˌlɔːŋ'saɪd] ~의 옆에
12 **already** [ɔːl'redi] 이미
71 **also** ['ɔːlsoʊ] 또한
4 alter ['ɔːltər] 변경하다
altered 변경된 altering 변경하는
22 **alternative** [ɔːl'tɜːrnətɪv] 대안
alternate 대체하는 alternately 번갈아
alternating 교대하는 alternatively 대안으로
25 **although** [ɔːl'ðoʊ] 비록 1단원
1 altitude ['æltɪtjuːd] 고도 3단원
1 altogether [ˌɔːltə'geðər] 완전히
31 **always** ['ɔːlweɪz] 항상
34 **am** [æm] ~(상태)이다
I'm 나는 ~(상태)이다
1 amateur ['æmətər] 아마추어 (취미로 하는 사람)
4 amazing [ə'meɪzɪŋ] 놀라운 4단원
amaze 놀라게 하다 amazed 놀란
4 Amazon ['æməzən] 아마존
Amazonia 아마존 지역 Amazonian 아마존의
5 **ambiguity** [ˌæmbɪ'gjuːəti] 모호함
ambiguous 모호한
3 ambitious [æm'bɪʃəs] 야심적인 2단원
ambition 야망
3 amend [ə'mend] 보상
16 **America** [ə'merɪkə] 미국
American 미국의
2 amino [ə'miːnoʊ] '아민'을 함유한
38 **among** [ə'mʌŋ] ~의 사이에
1 amongst [ə'mʌŋst] ~사이에
1 amoral [eɪ'mɒrəl] 비도덕적인
22 **amount** [ə'maʊnt] 양
2 amusement [ə'mjuːzmənt] 즐거움
amused 즐거워하는

247 **an** [æn] 하나의
7 **analogy** [ə'nælədʒi] 유사
13 **analyze** ['ænəlaɪz] 분석하다
analyzed 분석된 analyzing 분석하는 analysis 분석
2 anatomy [ə'nætəmi] 해부학
2 ancestor ['ænsestər] 조상
3 ancient ['eɪnʃənt] 고대의
1386 **and** [ænd] 그리고
1 anecdote ['ænɪkdoʊt] 일화
11 **anger** ['æŋgər] 분노
angered 화가 난 angry 화난
36 **animal** ['ænɪml] 동물
1 animate ['ænɪmeɪt] 생기를 불어넣다
3 annoyed [ə'nɔɪd] 짜증난
17 **annual** ['ænjuəl] 연간의
36 **another** [ə'nʌðər] 또 하나의
17 **answer** ['ænsər] 대답
answered 대답한
8 **ant** [ænt] 개미
2 antagonistic [æn,tægə'nɪstɪk] 적대적인
3 *anthropological [,ænθrəpə'lɑːdʒɪkl] 인류학의
anthropologist 인류학자
1 anthropomorphism [,ænθrəpə'mɔːrfɪzəm] 의인화
3 anticipate [æn'tɪsɪpeɪt] 예상하다
anticipated 예상된 anticipation 예상
2 *antithetical [,æntɪ'θetɪkl] 정반대의, 대조적인
11 **anxiety** [æŋ'zaɪəti] 불안
anxious 불안한
43 **any** ['eni] 어느 ~라도
1 anymore [,eni'mɔːr] 더 이상
6 **anyone** ['eniwʌn] 누구나
7 **anything** ['eniθɪŋ] 무엇이든
1 anytime ['enitaɪm] 언제든지
1 anywhere ['eniweər] 어디든지
2 apart [ə'pɑːrt] 떨어져
3 apartment [ə'pɑːrtmənt] 아파트
3 *aphorism ['æfərɪzəm] 격언, 경구
aphorisms 격언
4 apocalypse [ə'pɒkəlɪps] 종말
2 apologetic [ə,pɒlə'dʒetɪk] 사과하는
apologetically 사과하며
5 **apology** [ə'pɒlədʒi] 사과
apologize 사과하다
3 app [æp] 앱
8 **apparent** [ə'pærənt] 명백한
apparently 명백히
5 **appeal** [ə'piːl] 호소
appealed 호소한 appealing 매력적인
18 **appear** [ə'pɪər] 나타나다
appearance 외모 appeared 나타난
appearing 나타나는
3 appetite ['æpɪtaɪt] 식욕
1 Apple ['æpl] 애플 (회사), 사과
1 appliance [ə'plaɪəns] 기기
2 applicable [ə'plɪkəbl] 적용 가능한
1 applicant ['æplɪkənt] 지원자
10 **application** [,æplɪ'keɪʃn] 신청
9 **apply** [ə'plaɪ] 적용하다 7단원
applied 적용된 applying 적용하는
3 appreciate [ə'priːʃieɪt] 감사하다
appreciated 감사한
2 appreciation [ə,priːʃi'eɪʃn] 감사
14 **approach** [ə'proʊtʃ] 접근 5단원
approached 접근한 approaching 접근하는
5 **appropriate** [ə'proupriət] 적절한
appropriately 적절하게
2 approve [ə'pruːv] 승인하다
approval 승인
3 approximately [ə'prɒksɪmətli] 대략
approximation 근사값
1 April ['eɪprəl] 4월
2 aquaculture ['ækwəkʌltʃər] 양식업
2 Arabia [ə'reɪbiə] 아라비아
Arabic 아랍어의
2 archaeological [,ɑːrkiə'lɒdʒɪkl] 고고학적인
7 **archaeologist** [,ɑːki'ɒlədʒɪst] 고고학자
2 archaeology [,ɑːki'ɒlədʒi] 고고학
7 **architect** ['ɑːrkɪtekt] 건축가 6단원
3 architecture ['ɑːrkɪtektʃər] 건축
architectural 건축의
2 archive ['ɑːrkaɪv] 기록 보관소
1 Arctic ['ɑːrktɪk] 북극의
428 **are** [ɑːr] ~(상태)이다
33 **area** ['eriə] 지역 2단원
15 **argue** ['ɑːrgjuː] 논쟁하다
arguable 논쟁의 여지가 있는
arguably 주장할 수 있는 argued 주장한
arguing 논쟁하는 argument 논쟁
5 **arise** [ə'raɪz] 일어나다
1 arithmetic [ə'rɪθmətɪk] 산술
10 **arm** [ɑːrm] 팔
armed 무장한
27 **around** [ə'raʊnd] 주위에 2단원
1 arouse [ə'raʊz] 불러일으키다
2 arrange [ə'reɪndʒ] 정리하다
arranged 정리된
10 **arrive** [ə'raɪv] 도착하다
arrival 도착 arrived 도착한 arriving 도착하는
1 arrow ['ærou] 화살
1 arsenic ['ɑːrsnɪk] 비소
46 **art** [ɑːrt] 예술
artist 예술가 artistic 예술적인

artwork 예술 작품
1 article ['ɑːrtɪkl] 기사
3 artifact ['ɑːrtɪfækt] 인공물
6 **artificial** [ˌɑːrtɪ'fɪʃl] 인공의
artificially 인위적으로 artefact 인공물
434 **as** [æz] ~로서 3단원
as opposed to ~와는 대조적으로
as well as ~뿐만 아니라
2 *ascribe [ə'skraɪb] 귀속시키다
ascribed 귀속된
1 ash [æʃ] 재
3 ashamed [ə'ʃeɪmd] 부끄러운
2 Asia ['eɪʒə] 아시아
2 aside [ə'saɪd] 옆으로
30 **ask** [æsk] 묻다
asked 물었다 asking 묻는
13 **aspect** ['æspekt] 측면
1 aspire [ə'spaɪər] 열망하다
4 assemble [ə'sembl] 모으다
assembled 조립된 assembly 조립
6 **assertive** [ə'sɜːrtɪv] 단호한
assert 주장하다 assertiveness 자기주장
9 **assess** [ə'ses] 평가하다
assessed 평가된 assessing 평가하는
assessment 평가
5 **assign** [ə'saɪn] 할당하다 14단원
assigned 할당된 assignment 과제
7 **assist** [ə'sɪst] 돕다
assistant 조수 assisted 도움을 받은
assisting 돕는
9 **associate** [ə'souʃieɪt] 연관시키다
associated 연관된
2 association [əˌsousi'eɪʃn] 협회
22 **assume** [ə'suːm] 가정하다
assumed 가정한 assuming 가정하는
assumption 가정
2 astonished [ə'stɒnɪʃt] 놀란
astounding 놀라운
1 asymmetry [eɪ'sɪmətri] 비대칭
221 **at** [æt] ~에서
at least 최소한 at the same time 동시에
5 **ate** [eɪt] 먹었다
3 atmosphere ['ætməsfɪr] 대기
1 atop [ə'tɒp] ~의 꼭대기에
1 atrium ['eɪtriəm] 중정
1 attach [ə'tætʃ] 부착하다
1 attachment [ə'tætʃmənt] 애착
4 attack [ə'tæk] 공격
attacked 공격받은
3 attain [ə'teɪn] 달성하다
attainment 성취
10 **attempt** [ə'tempt] 시도
attempted 시도된 attempting 시도하는
2 attend [ə'tend] 참석하다
attending 참석하는
27 **attention** [ə'tenʃn] 주의 15단원
attentional 주의력의
4 attentive [ə'tentɪv] 주의 깊은
attentively 주의 깊게
6 **attitude** ['ætɪtjuːd] 태도
17 **attract** [ə'trækt] 끌어당기다 15단원
attracted 끌린 attraction 관광지, 매력
attractive 매력적인 attractiveness 매력적임
8 **attribute** [ə'trɪbjuːt] 속성
attributed 귀속된 attributing 귀속시키는
1 attribution [ˌætrɪ'bjuːʃn] 귀속
1 atypical [eɪ'tɪpɪkl] 비정형적인
9 **audience** ['ɔːdiəns] 관객
1 audio ['ɔːdiou] 오디오
8 **audition** [ɔː'dɪʃn] 오디션
2 auditorium [ˌɔːdɪ'tɔːriəm] 강당
1 August ['ɔːgəst] 8월
3 aura ['ɔːrə] 분위기
1 Australia [ɒ'streɪliə] 호주
1 authenticated [ɔː'θentɪkeɪtɪd] 인증된
2 authenticity [ˌɔːθen'tɪsəti] 진정성
9 **author** ['ɔːθər] 작가
6 **authority** [ə'θɔːrəti] 권위 8,16단원
authoritarian 권위주의적인
authoritative 권위 있는
1 auto ['ɔːtou] 자동차 (automobile)
2 autobiography [ˌɔːtəbaɪ'ɒgrəfi] 자서전 10단원
autobiographical 자서전적인
2 autocratic [ˌɔːtə'krætɪk] 독재적인
6 **automatically** [ˌɔːtə'mætɪkli] 자동적으로
automated 자동화된 automation 자동화
4 automobile ['ɔːtəməbiːl] 자동차
4 *autonomy [ɔː'tɑːnəmi] 자율성
2 availability [əˌveɪlə'bɪləti] 가용성
7 **available** [ə'veɪləbl] 이용 가능한 2단원
13 **average** ['ævərɪdʒ] 평균
23 **avoid** [ə'vɔɪd] 피하다
avoided 피한 avoiding 피하는
6 **avoidance** [ə'vɔɪdns] 회피
1 awaiting [ə'weɪtɪŋ] 기다리는 4단원
6 **award** [ə'wɔːrd] 상
awarded 수여된
11 **aware** [ə'wer] 인식하는 9단원
awareness 인식
19 **away** [ə'weɪ] 멀리
2 *awry [ə'raɪ] 비뚤어진, 잘못된
4 baby ['beɪbi] 아기
40 **back** [bæk] 뒤
1 backfire [ˌbæk'faɪər] 역효과를 내다

1 backspin ['bækspɪn] 백스핀
2 backstage [ˌbæk'steɪdʒ] 무대 뒤 6단원
1 backstroke ['bækstroʊk] 배영
1 backwards ['bækwərdz] 뒤로
1 backyard [ˌbæk'jɑːrd] 뒤뜰 1단원
17 **bad** [bæd] 나쁜
1 badge [bædʒ] 배지
1 badland ['bædlænd] 불모지
3 badminton ['bædmɪntən] 배드민턴
10 **bag** [bæg] 가방
1 bake [beɪk] 굽다
23 **balance** ['bæləns] 균형 7,15단원
balanced 균형 잡힌 unbalance 불균형
imbalance 불균형
1 balcony ['bælkəni] 발코니
9 **ball** [bɔːl] 공
2 band [bænd] 밴드
1 bandage ['bændɪdʒ] 붕대
2 *bandwagon ['bændwægən] 유행, 대세
1 bank [bæŋk] 은행
1 bankrupting ['bæŋkrʌptɪŋ] 파산시키는
3 bar [bɑːr] 술집, 막대기
1 barbarous ['bɑːrbərəs] 야만적인
1 bare [ber] 맨
1 barely ['berli] 간신히
1 bargaining ['bɑːrgənɪŋ] 협상
1 barking ['bɑːrkɪŋ] 짖는
2 barren ['bærən] 불모의
5 **base** [beɪs] 기초
8 **baseball** ['beɪsbɔːl] 야구
26 **based** [beɪst] 기반의 10,15단원
21 **basic** ['beɪsɪk] 기본적인
4 basis ['beɪsɪs] 기초
3 *bass [beɪs] 저음, 베이스
2 bathtub ['bæθtʌb] 욕조
bath 목욕
5 **batter** ['bætər] 타자
8 **battle** ['bætl] 전투
battled 싸웠다
1 battlefield ['bætlfiːld] 전쟁터
1 Baudouin [boʊ'dwæ̃] 보두앵 (이름)
2 bay [beɪ] 만 8단원
3 bazaar [bə'zɑːr] 바자회 9단원
1 BC [ˌbiː'siː] 기원전
346 **be** [biː] ~(상태)이다
9 **beach** [biːtʃ] 해변
7 **bear** [ber] 곰
1 bearable ['berəbl] 견딜 만한

1 beast [biːst] 짐승
5 **beat** [biːt] 때리다
beating 박동
1 Beatles ['biːtlz] 비틀즈 (영국의 음악 밴드)
6 **beautiful** ['bjuːtɪfl] 아름다운
1 beauty ['bjuːti] 아름다움
1 becak ['betʃæk] 벡작 (인도네시아의 삼륜 자전거 택시)
26 **became** [bɪ'keɪm] ~이 되었다
70 **because** [bɪ'kɔːz] 왜냐하면
54 **become** [bɪ'kʌm] ~이 되다
becoming 되어가는 became ~이 되었다
2 bed [bed] 침대
1 bedded ['bedɪd] 침대에 눕힌
8 **bee** [biː] 벌
80 **been** [bɪn] ~였다
1 Beethoven ['beɪtoʊvn] 베토벤
30 **before** [bɪ'fɔːr] ~전에
2 beg [beg] 구걸하다
begging 구걸하는 begged 구걸했다
32 **begin** [bɪ'gɪn] 시작하다
began 시작했다 beginner 초보자
beginning 시작 begun 시작된
56 **behavior** [bɪ'heɪvjər] 행동 14,16단원
behaving 행동하는 behavior 행동
behave 행동하다 behaviour 행동
behavioral 행동의 behavioural 행동의
6 **behind** [bɪ'haɪnd] 뒤에
53 **being** ['biːɪŋ] 존재
2 Belgium ['beldʒəm] 벨기에
Belgian 벨기에의
33 **believe** [bɪ'liːv] 믿다
believed 믿었다 believing 믿는 belief 믿음
2 bell [bel] 종
1 belly ['beli] 배
3 belonging [bɪ'lɔːŋɪŋ] 소지품, 소속
4 below [bɪ'loʊ] 아래에
4 belt [belt] 벨트
3 bench [bentʃ] 벤치
1 benchmark ['bentʃmɑːrk] 기준점
1 bender ['bendər] 구부리는 사람
1 bending ['bendɪŋ] 구부리기
3 beneath [bɪ'niːθ] 아래에
25 **benefit** ['benɪfɪt] 이익 16단원
benefiting 이익을 얻는 beneficial 유익한
beneficiary 수혜자
1 Bering ['berɪŋ] 베링 (이름)
5 **beside** [bɪ'saɪd] 옆에
besides 게다가
1 besieged [bɪ'siːdʒd] 포위된
35 **best** [best] 최고의
6 **bet** [bet] 내기

1 betray [bɪ'treɪ] 배신하다
34 **better** ['betər] 더 나은
51 **between** [bɪ'twiːn] 사이에
1 beverage ['bevərɪdʒ] 음료
15 **beyond** [bɪ'jɒnd] 너머에
12 **bias** ['baɪəs] 편견 15단원
biased 편향된
11 **bicycle** ['baɪsɪkl] 자전거
1 Bielefeld ['biːləfeld] 빌레펠트 (독일 도시)
23 **big** [bɪg] 큰
bigger 더 큰 biggest 가장 큰
11 **bike** [baɪk] 자전거
2 *bilateral [baɪ'lætərəl] 양측의, 쌍방의
4 bill [bɪl] 청구서
billed 청구했다
1 billion ['bɪljən] 10억
1 bin [bɪn] 통
1 bioaccumulated [ˌbaɪoʊə'kjuːmjəleɪtɪd] 생체에 축적된
4 biodiversity [ˌbaɪoʊdaɪ'vɜːrsəti] 생물다양성
1 biographical [ˌbaɪə'græfɪkl] 전기의 6단원
25 **biological** [ˌbaɪə'lɒdʒɪkl] 생물학적인
biologically 생물학적으로 biology 생물학
biologist 생물학자
1 bios ['baɪɒs] 컴퓨터의 기본 입출력 체계
1 biosphere ['baɪəsfɪr] 생물권
6 **bird** [bɜːrd] 새
4 birth [bɜːrθ] 출생
4 birthday ['bɜːrθdeɪ] 생일
6 **bit** [bɪt] 조금
4 bite [baɪt] 물다
1 bitter ['bɪtər] 쓴
3 black [blæk] 검은
1 blackboard ['blækbɔːrd] 칠판
2 blacksmith ['blæksmɪθ] 대장장이
5 **blame** [bleɪm] 비난하다 10단원
blamed 비난받은
3 blank [blæŋk] 공백의
1 blessing ['blesɪŋ] 축복
1 blew [bluː] 불었다
10 **blind** [blaɪnd] 눈먼 5단원
blindness 눈멈
4 block [blɒk] 막다 5단원
blocking 차단 roadblock 장애물
3 blood [blʌd] 피
1 Bloomfield ['bluːmfiːld] 블룸필드 (지명)
6 **blue** [bluː] 파란
2 blunt [blʌnt] 무딘
2 blur [blɜːr] 흐릿하게 하다
blurred 흐릿한

12 **board** [bɔːrd] 판
overboard 과도하게
skateboarding 스케이트보딩
surfboard 서핑보드
aboard 탑승하여 blackboard 칠판
9 **boat** [boʊt] 배
7 **Bob** [bɒb] 밥 (이름)
15 **body** ['bɒdi] 몸
bodied 신체의 bodily 신체의
5 **bond** [bɒnd] 결합
1 bone [boʊn] 뼈
1 bonehunter [boʊn'hʌntər] 뼈를 찾는 사람
29 **book** [bʊk] 책
notebook 노트북
3 booking ['bʊkɪŋ] 예약
1 boosted ['buːstɪd] 강화된
1 booster ['buːstər] 촉진제
2 booth [buːθ] 부스
2 border ['bɔːrdər] 경계 3단원
11 **bored** [bɔːrd] 지루한
bore 지루하게 하다 boredom 지루함 boring 지루한
9 **born** [bɔːrn] 태어난
6 **borrow** ['bɒroʊ] 빌리다
borrowed 빌렸다
4 botanic [bə'tænɪk] 식물의
botanical 식물학의
52 **both** [boʊθ] 둘 다
2 bothering ['bɒðərɪŋ] 귀찮게 하는
bothersome 성가신
5 **bottle** ['bɒtl] 병
bottled 병에 담았다
7 **bottom** ['bɒtəm] 바닥 16단원
2 bought [bɔːt] 샀다
1 bouncing ['baʊnsɪŋ] 튀는
2 bound [baʊnd] 묶인
6 **boundary** ['baʊndri] 경계 6,15단원
2 bounded ['baʊndɪd] 제한된
1 boundless ['baʊndləs] 무한한
2 bow [baʊ] 활
bowed 절했다
1 bowl [boʊl] 그릇
5 **box** [bɒks] 상자
1 boxing ['bɒksɪŋ] 권투
6 **boy** [bɔɪ] 소년
27 **brain** [breɪn] 뇌
1 branch [bræntʃ] 가지
12 **brand** [brænd] 상표
2 Brazil [brə'zɪl] 브라질
Brazilian 브라질의
2 bread [bred] 빵
17 **break** [breɪk] 깨다

breaking 깨는 broke 부러뜨렸다 broken 깨진
heartbroken 상심한
break down 분해하다
break out 발생하다
3 breakfast ['brekfəst] 아침 식사
1 breakthrough ['breɪkθruː] 돌파구
3 breaststroke ['breststrəʊk] 평영
6 **breathe** [briːð] 숨쉬다 10단원
breathed 숨을 쉰 breath 호흡 breathing 호흡하는
1 breathtaking ['breθteɪkɪŋ] 숨막히는
4 breeding ['briːdɪŋ] 번식
3 brief [briːf] 간단한
6 **bright** [braɪt] 밝은
brightening 밝아지는 brightly 밝게
brightness 밝기
1 brilliance ['brɪljəns] 훌륭함
17 **bring** [brɪŋ] 가져오다
bringing 가져오는 bring about 초래하다
bring in 들여오다 bring out 드러내다
bring together 모으다 bring up 제기하다
2 British ['brɪtɪʃ] 영국의
7 **broad** [brɔːd] 넓은
broader 더 넓은
1 broadcasting ['brɔːdkæstɪŋ] 방송
1 broadening ['brɔːdnɪŋ] 확대
1 bronze [brɒnz] 청동
4 *brood [bruːd] 새끼를 품다, 곰곰이 생각하다
broods 새끼들
1 broth [brɔːθ] 국물 14단원
6 **brother** ['brʌðər] 형제
4 brought [brɔːt] 가져왔다
1 brown [braʊn] 갈색
2 browsed [braʊzd] 탐색한
2 brutally ['bruːtəli] 잔인하게 17단원
brutality 잔인함
1 bubble ['bʌbl] 거품 17단원
3 bucket ['bʌkɪt] 양동이
1 budget ['bʌdʒɪt] 예산
1 buffet ['bʊfeɪ] 뷔페
1 bug [bʌg] 벌레
28 **build** [bɪld] 짓다
building 건물 built 지었다
1 bulb [bʌlb] 전구
1 bullying ['bʊliɪŋ] 괴롭힘
1 bump [bʌmp] 충돌 16단원
1 bundle ['bʌndl] 묶음
2 burden ['bɜːrdn] 부담
2 buried ['berid] 묻힌
3 burn [bɜːrn] 태우다
burning 타는
3 burrow ['bɜːroʊ] 굴
burrowed 파고들었다

1 burst [bɜːrst] 터지다
15 **bus** [bʌs] 버스
18 **business** ['bɪznəs] 사업
1 businesslike ['bɪznəslaɪk] 실무적인
3 busy ['bɪzi] 바쁜
224 **but** [bʌt] 하지만
1 butter ['bʌtər] 버터
7 **butterfly** ['bʌtərflaɪ] 나비
3 button ['bʌtn] 버튼, 단추
buttoning 단추를 채우는
5 **buy** [baɪ] 사다
buyer 구매자
265 **by** [baɪ] ~에 의해
1 cabanac [kæbə'næk] 카바낙 (이름)
11 **cabbage** ['kæbɪdʒ] 양배추
2 *cadence ['keɪdns] 운율, 억양
cadences 운율
1 cafeteria [ˌkæfə'tɪriə] 구내식당
1 caged [keɪdʒd] 갇힌
3 cake [keɪk] 케이크
5 **calculate** ['kælkjuleɪt] 계산하다
calculating 계산하는 calculation 계산
1 calendar ['kæləndər] 달력 10단원
1 calf [kæf] 송아지
2 California [ˌkælə'fɔːrnjə] 캘리포니아
36 **call** [kɔːl] 부르다
called 불려진, 불렀다 calling 부르는
call out 부르다
5 **calm** [kɑːm] 침착한
calming 진정시키는
8 **calory** ['kæləri] 칼로리
caloric 열량의
1 Cambodia [kæm'boʊdiə] 캄보디아
24 **came** [keɪm] 왔다
10 **camera** ['kæmərə] 카메라
11 **camp** [kæmp] 캠프
camping 캠핑
3 campaign [kæm'peɪn] 캠페인
1 campsite ['kæmpsaɪt] 캠프장
3 campus ['kæmpəs] 캠퍼스
178 **can** [kæn] 할 수 있다
7 **Canada** ['kænədə] 캐나다
Canadian 캐나다의
2 canal [kə'næl] 운하
2 canceled ['kænsəld] 취소된
cancelled 취소했다
2 cancer ['kænsər] 암
2 candidate ['kændɪdeɪt] 후보자
2 canned [kænd] 통조림의
27 **cannot** ['kænɒt] 할 수 없다

1 cansinghill [kæn'sɪŋhɪl] 캔싱힐 (지명)
5 **capability** [ˌkeɪpə'bɪləti] 능력
capable 할 수 있는
11 **capacity** [kə'pæsəti] 용량 17단원
9 **capital** ['kæpɪtl] 수도, 자본
capitalism 자본주의 capitalist 자본가
1 captain ['kæptɪn] 선장
5 **capture** ['kæptʃər] 포착하다 6단원
captured 포착된
20 **car** [kɑːr] 자동차
9 **carbon** ['kɑːrbən] 탄소 1,9단원
5 **card** [kɑːrd] 카드
4 care [ker] 돌보다
11 **career** [kə'rɪr] 직업
12 **careful** ['kerfl] 조심스러운
carefully 조심스럽게
1 careless ['kerləs] 부주의한
4 cargo ['kɑːrgoʊ] 화물
1 Caria ['kæriə] 카리아 (고대 지역명)
2 Carl [kɑːrl] 칼 (이름)
1 carpenter ['kɑːrpəntər] 목수 13,16단원
12 **carry** ['kæri] 나르다 13단원
carried 운반된 carriers 운반자 carrying 운반하는
carry out 수행하다
2 cart [kɑːrt] 수레
2 *cartographic [ˌkɑːrtə'græfɪk] 지도 제작의
3 carton ['kɑːrtn] 상자
4 cartoon [kɑːr'tuːnz] 만화
cartooning 만화 그리기
cartoonist 만화가
5 **carve** [kɑːrv] 조각하다
carved 조각했다 carving 조각
34 **case** [keɪs] 경우
1 cash [kæʃ] 현금
2 cast [kæst] 던지다 7단원
1 castle ['kæsl] 성
1 casual ['kæʒuəl] casual
3 cat [kæt] 고양이
1 catalog ['kætəlɒg] 목록
3 *catastrophe [kə'tæstrəfi] 대재앙, 참사
catastrophes 대재앙
6 **catch** [kætʃ] 잡다
catching 잡는
9 **category** ['kætəgɔːri] 범주 10단원
categorization 분류
1 catering ['keɪtərɪŋ] 음식 제공
7 ***caterpillar** ['kætərpɪlər] 애벌레
8 **cattle** ['kætl] 소
4 caught [kɔːt] 잡았다
3 causal ['kɔːzl] 인과관계의
causality 인과관계

29 **cause** [kɔːz] 원인
caused 야기했다 causing 야기하는 caution 주의
cautious 조심스러운
1 CD [ˌsiː'diː] 음반
2 celebrate ['selɪbreɪt] 축하하다
celebration 축하
3 celebrity [sə'lebrəti] 유명인사
1 Celeste [sə'lest] 셀레스트 (이름)
28 **cell** [sel] 세포
1 celluloid ['seljəlɔɪd] 셀룰로이드
1 censored ['sensərd] 검열된
1 cent [sent] 센트
18 **center** ['sentər] 중심
central 중심의 centrally 중앙에
centrality 중심성 centerpiece 중심 장식품
1 centralized ['sentrəlaɪzd] 중앙 집중화된 8단원
19 **century** ['sentʃəri] 세기 2,6단원
nineteenthcentury 19세기의
seventeenthcentury 17세기의
twentiethcentury 20세기의
2 ceramic [sə'ræmɪk] 도자기의 2단원
2 cereal ['sɪriəl] 시리얼
2 *cerebral [sə'riːbrəl] 대뇌의, 지적인
21 **certain** ['sɜːrtn] 확실한 11,15단원
certainly 확실히 certainty 확실성
1 Cesium ['siːziəm] 세슘
1 chain [tʃeɪn] 사슬
33 **challenge** ['tʃælɪndʒ] 도전 14단원
challenged 도전받은 challenging 도전적인
1 chamber ['tʃeɪmbər] 방 17단원
4 champion ['tʃæmpiən] 챔피언
championship 선수권
8 **chance** [tʃæns] 기회
72 **change** [tʃeɪndʒ] 변화
changed 변했다 changing 변하는
4 channel ['tʃænl] 채널
3 chaos ['keɪɒs] 혼돈
22 **character** ['kærəktər] 성격
characteristic 특징적인
18 **charge** [tʃɑːrdʒ] 요금
charged 충전했다 charging 충전하는
1 charisma [kə'rɪzmə] 카리스마
14 **charity** ['tʃærəti] 자선 3,16단원
1 charmed [tʃɑːrmd] 매혹된
2 chart [tʃɑːrt] 도표
2 chase [tʃeɪs] 쫓다
chased 쫓았다
1 chattering ['tʃætərɪŋ] 재잘거리는
3 cheap [tʃiːp] 저렴한
cheaper 더 싼 cheapest 가장 싼
9 **check** [tʃek] 확인하다
checked 확인했다 checking 확인하는
checklist 체크리스트 paycheck 급여 수표

check out 확인하다
1 cheek [tʃi:k] 뺨
4 cheerful ['tʃɪrfl] 명랑한
cheered 환호했다
1 cheese [tʃi:z] 치즈
1 chef [ʃef] 요리사
6 **chemical** ['kemɪkl] 화학의
chemically 화학적으로
1 cherished ['tʃerɪʃt] 소중히 여기는
1 chess [tʃes] 체스
4 Chicago [ʃɪ'kɑ:goʊ] 시카고
1 chicken ['tʃɪkɪn] 닭
1 chick [tʃɪk] 병아리
45 **child** [tʃaɪld] 아이
childhood 어린 시절 childish 어린애 같은
children 아이들
1 chill [tʃɪl] 춥게 하다, 냉기
3 China ['tʃaɪnə] 중국
1 chips [tʃɪps] 감자칩, 조각
1 chocolate ['tʃɒklət] 초콜릿
29 **choice** [tʃɔɪs] 선택
choose 선택하다 choosing 선택하는
chose 선택했다 chosen 선택된
1 chord [kɔ:rd] 화음
1 Christianity [,krɪsti'ænəti] 기독교
1 Christmas ['krɪsməs] 크리스마스
1 Christopher ['krɪstəfər] 크리스토퍼 (이름)
7 ***chronological** [,krɒnə'lɒdʒɪkl] 연대순의
chronologically 연대순으로
1 chubby ['tʃʌbi] 통통한
4 chuck [tʃʌk] 던지다
3 church [tʃɜ:rtʃ] 교회
3 cicada [sɪ'keɪdə] 매미
4 cinema ['sɪnəmə] 영화관
6 **circle** ['sɜ:rkl] 원
1 circuit ['sɜ:rkɪt] 회로
3 circular ['sɜ:rkjələr] 원형의
circulating 순환하는 circulation 순환
11 **circumstance** ['sɜ:rkəmstæns] 상황
circumstantial 상황적인
1 citation [saɪ'teɪʃn] 인용
34 **city** ['sɪti] 도시
citizen 시민
1 civicminded ['sɪvɪk 'maɪndɪd]
시민 의식이 있는
1 civics ['sɪvɪks] 시민학
3 civilisation [,sɪvəlaɪ'zeɪʃn] 문명
12 **claim** [kleɪm] 주장하다
5 **clarify** ['klærəfaɪ] 명확히 하다
clarity 명확성 clarified 명확해졌다
clarification 설명

33 **class** [klæs] 수업
6 **classic** ['klæsɪk] 고전의 8단원
10 **classification** [,klæsɪfɪ'keɪʃn] 분류
classifying 분류하는
6 **classroom** ['klæsru:m] 교실
19 **Clara** ['klærə] 클라라 (이름)
1 Claude [klɔ:d] 클로드 (이름)
5 **clean** [kli:n] 깨끗한
cleaner 청소부 cleaning 청소
26 **clear** [klɪr] 분명한 3단원
cleared 치워진 clearer 더 명확한 clearly 명확히
4 clever ['klevər] 영리한
cleverness 영리함
1 cliché [kli:'ʃeɪ] 진부한 표현
1 click [klɪk] 클릭하다
6 **client** ['klaɪənt] 고객
2 cliff [klɪf] 절벽
2 Cliffield ['klɪffi:ld] 클리프필드 (이름)
13 **climate** ['klaɪmət] 기후
1 climatic [klaɪ'mætɪk] 기후의
1 climb [klaɪm] 오르다
1 clinic ['klɪnɪk] 진료소
2 clip [klɪp] 클립
4 clock [klɒk] 시계
20 **close** [kloʊz] 닫다
closed 닫았다 closer 더 가까운
closest 가장 가까운 closing 닫는
3 closely ['kloʊsli] 면밀히
1 closet ['klɒzɪt] 옷장
8 **clothes** [kloʊðz] 옷
clothing 의복
4 club [klʌb] 클럽
1 clue [klu:] 단서
2 *clumsy ['klʌmzi] 서투른, 어색한
clumsier 더 서투른
1 cm [,si:'em] 센티미터
3 coach [koʊtʃ] 코치
3 coal [koʊl] 석탄
7 **coast** [koʊst] 해안
coastal 해안의
2 coaster ['koʊstər] 컵받침
1 coat [koʊt] 코트
1 cod [kɒd] 대구
7 **code** [koʊd] 코드 14단원
4 *coercion [koʊ'ɜ:rʒn] 강제, 강압
coercive 강압적인
1 coevolution [,koʊ,evə'lu:ʃn] 공진화
4 coexistence [,koʊɪg'zɪstəns] 공존
coexist 공존하다
1 coffee ['kɔ:fi] 커피

8 ***cognitive** ['kɒgnətɪv] 인지의
5 **coin** [kɔɪn] 동전
3 coincide [ˌkoʊɪn'saɪd] 일치하다
coincidental 우연의
4 cold [koʊld] 추운
2 collaboration [kəˌlæbə'reɪʃn] 협력
collaborative 협력적인
1 collapse [kə'læps] 붕괴
3 colleague ['kɒliːg] 동료 10단원
20 **collect** [kə'lekt] 수집하다 1단원
collected 수집된 collecting 수집하는
collection 수집 collective 집단적인
collectively 집단적으로 collector 수집가
collectivity 집단성
10 **college** ['kɒlɪdʒ] 대학
1 cologne [kə'loʊn] 향수
7 **colony** ['kɒləni] 식민지
17 **color** ['kʌlər] 색깔
colored 색칠했다 colorful 다채로운
1 combat ['kɒmbæt] 전투
4 combination [ˌkɒmbɪ'neɪʃn] 조합
4 combine [kəm'baɪn] 결합하다
combined 결합했다 combining 결합하는
37 **come** [kʌm] 오다
coming 오는
come across 우연히 만나다
come back 돌아오다
come into 들어오다
come to (결론에) 이르다
come to terms with ~을 받아들이다
come up 제기되다
come up with ~을 생각해내다
9 **comfortable** ['kʌmftəbl] 편안한 4단원
comfort 위로 comforted 위로받은
2 comic ['kɒmɪk] 만화의
1 comma ['kɒmə] 쉼표
1 commander [kə'mændər] 지휘관
7 **comment** ['kɒment] 댓글 5단원
commentary 논평
9 **commercial** [kə'mɜːrʃl] 상업적인
commerce 상업 commercialization 상업화
1 commission [kə'mɪʃn] 위원회, 수수료
3 commitment [kə'mɪtmənt] 헌신
2 committed [kə'mɪtɪd] 전념하는
1 committee [kə'mɪti] 위원회
2 commodity [kə'mɒdəti] 상품
33 **common** ['kɒmən] 흔한 4,10,14단원
commonly 일반적으로
commonest 가장 흔한 commonplace 평범한
commonsense 상식
2 communal ['kɒmjunl] 공동의
11 **communication** [kəˌmjuːnɪ'keɪʃn] 의사소통
communicated 의사소통했다
communicating 의사소통하는
communicate 의사소통하다

24 **community** [kə'mjuːnəti] 지역사회
5 ***commute** [kə'mjuːt] 통근하다
28 **company** ['kʌmpəni] 회사
16 **compare** [kəm'per] 비교하다
comparable 비교 가능한 compared 비교했다
comparing 비교하는 comparison 비교
1 compass ['kʌmpəs] 나침반
1 compatibility [kəmˌpætə'bɪləti] 호환성
6 **compensate** ['kɒmpenseɪt] 보상하다 12단원
compensated 보상된 compensation 보상
39 **competitive** [kəm'petətɪv] 경쟁적인 7,17단원
competent 유능한 competing 경쟁하는
competition 경쟁 compete 경쟁하다
competitiveness 경쟁력 competitor 경쟁자
5 **complain** [kəm'pleɪn] 불평하다 3단원
complained 불평한 complaining 불평하는
2 complement ['kɒmplɪment] 보완하다
complementary 보완적인
20 **complete** [kəm'pliːt] 완성하다
completed 완료했다 completely 완전히
complexity 복잡성
35 **complex** [kəm'pleks] 복잡한
7 **complicated** ['kɒmplɪkeɪtɪd] 복잡한 15단원
4 *compliment ['kɑːmplɪment] 칭찬, 찬사
3 component [kəm'poʊnənt] 구성요소
3 composer [kəm'poʊzər] 작곡가
composed 구성했다
2 composite ['kɒmpəzɪt] 복합의
compositional 구성의
2 comprehension [ˌkɒmprɪ'henʃn] 이해
1 compromise ['kɒmprəmaɪz] 타협
12 **computer** [kəm'pjuːtər] 컴퓨터
computing 컴퓨팅
2 concealed [kən'siːld] 숨겨진
conceal 숨기다
1 conceivably [kən'siːvəbli] 상상할 수 있게
2 conceive [kən'siːv] 구상하다
conceived 구상했다
11 **concentrate** ['kɒnsntreɪt] 집중하다 9단원
concentrated 집중된 concentration 집중
2 *concentric [kən'sentrɪk] 동심원의
19 **concept** ['kɒnsept] 개념 11단원
conception 개념
1 conceptualized [kən'septʃuəlaɪzd] 개념화된
22 **concerned** [kən'sɜːrnd] 관심 있는 14단원
concern 관심사, 염려
8 **concert** ['kɒnsərt] 콘서트
1 concise [kən'saɪs] 간결한
6 **conclusion** [kən'kluːʒn] 결론 3단원
conclude 결론짓다
1 concrete ['kɒŋkriːt] 구체적인
2 *condense [kən'dens] 응축하다, 요약하다
condensing 응축하는

14 **condition** [kən'dɪʃn] 조건
9 **conduct** [kən'dʌkt] 수행하다
conducted 수행했다 conductor 지휘자
2 *conducive [kən'du:sɪv] 도움이 되는, 유리한
4 conference ['kɒnfərəns] 회의
2 confidence ['kɒnfɪdəns] 자신감
7 **confident** ['kɒnfɪdənt] 자신감 있는 5단원
confidently 자신있게 overconfident 과신하는
2 *configuration [kən,fɪgjə'reɪʃn] 구성, 배치
1 confining [kən'faɪnɪŋ] 제한하는
4 confirm [kən'fɜ:rm] 확인하다
19 **conflict** ['kɒnflɪkt] 갈등 1단원
conflicting 상충하는
7 **conform** [kən'fɔ:rm] 순응하다
conforming 순응하는 conformity 순응
7 **confront** [kən'frʌnt] 직면하다
confrontation 대립 confronted 직면했다
confronting 직면하는
8 **confused** [kən'fju:zd] 혼란스러운
confuse 혼동시키다 confusing 혼란스러운
confusion 혼란
3 *congestion [kən'dʒestʃən] 혼잡, 정체
congested 혼잡한
1 Congo ['kɒŋgoʊ] 콩고
3 congratulation [kən,grætʃu'leɪʃn] 축하
congratulated 축하했다
15 **connection** [kə'nekʃn] 연결
connect 연결하다 connected 연결했다
2 *connotation [,kɑ:nə'teɪʃn] 함축, 내포
1 cons [kɒnz] 단점들
8 **consciousness** ['kɒnʃəsnəs] 의식
consciously 의식적으로
subconsciously 무의식적으로
2 *consensus [kən'sensəs] 합의, 일치
2 *consent [kən'sent] 동의, 승낙
20 **consequence** ['kɒnsɪkwəns] 결과 8,12,15단원
consequently 결과적으로
4 conservation [,kɒnsər'veɪʃn] 보존
conserve 보존하다 conserving 보존하는
23 **consider** [kən'sɪdər] 고려하다
considerable 상당한 considerably 상당히
considered 고려했다 considering 고려하는
2 *consignment [kən'saɪnmənt] 위탁, 탁송품
7 **consist of** [kən'sɪst ʌv] ~로 구성되다
consisting 구성하는
9 **consistent** [kən'sɪstənt] 일관된 3,8단원
consistency 일관성 consistently 일관되게
2 *consolidate [kən'sɑ:lɪdeɪt] 통합하다
consolidated 통합된
7 **constantly** ['kɒnstəntli] 끊임없이 11단원
constant 지속적인
5 **constitute** ['kɒnstɪtju:t] 구성하다
constituted 구성했다
1 constitutional [,kɒnstɪ'tju:ʃənl] 헌법의

4 *constraint [kən'streɪnt] 제약, 구속
constraints 제약
13 **construction** [kən'strʌkʃn] 건설
constructed 건설했다 construct 구성하다
constructive 건설적인
1 consulted [kən'sʌltɪd] 상담한
26 **consume** [kən'sju:m] 소비하다
consumed 소비했다 consumer 소비자
consuming 소비하는 consumption 소비
time-consuming 시간이 많이 걸리는
5 **contact** ['kɒntækt] 연락하다
1 contagious [kən'teɪdʒəs] 전염성의
14 **contain** [kən'teɪn] 포함하다
contained 포함했다 container 용기
5 ***contaminate** [kən'tæmɪneɪt] 오염시키다
contaminant 오염물질 contaminated 오염된
contamination 오염
6 **contemporary** [kən'tempəreri] 현대의
6 **content** ['kɒntent] 내용
1 *contentious [kən'tenʃəs] 논쟁의 여지가 있는
14 **contest** ['kɒntest] 경연
11 **context** ['kɒntekst] 맥락
2 contextual [kən'tekstʃuəl] 맥락의
3 contingency [kən'tɪndʒənsi] 우발 사건
*contingent 우발적인
23 **continue** [kən'tɪnju:] 계속하다
continually 계속해서 continued 계속했다
continuation 계속 continuing 계속하는
continuous 연속적인 continuously 연속해서
5 **contour** ['kɒntʊər] 윤곽
4 contract ['kɒntrækt] 계약
1 contraction [kən'trækʃn] 수축
2 contradict [,kɒntrə'dɪkt] 모순되다
contradictory 모순되는
3 contrary ['kɒntreri] 반대의
8 **contrast** ['kɒntræst] 대조
14 **contribute** [kən'trɪbju:t] 기여하다 11,17단원
contributed 기여한 contributing 기여하는
contribution 기여
29 **control** [kən'troʊl] 통제 13단원
controllable 제어 가능한 controlled 제어된
controllers 제어장치 controlling 제어하는
3 controversy ['kɒntrəvɜ:rsi] 논쟁 15단원
1 convenient [kən'vi:niənt] 편리한
7 **conventional** [kən'venʃənl] 관례적인
convention 관례
2 converge [kən'vɜ:rdʒ] 수렴하다
1 conversation [,kɒnvər'seɪʃn] 대화
1 conversely ['kɒnvɜ:rsli] 반대로
4 convert [kən'vɜ:rt] 전환하다
converted 전환했다
8 **convey** [kən'veɪ] 전달하다
conveyed 전달했다 conveyer 전달자
1 conviction [kən'vɪkʃn] 확신

1 convincing [kən'vɪnsɪŋ] 설득력 있는
5 **cook** [kʊk] 요리하다
cooked 요리했다 cooking 요리
2 cookie ['kʊki] 쿠키
4 cool [kuːl] 시원한
11 **cooperate** [koʊ'ɒpəreɪt] 협력하다
cooperating 협력하는 cooperation 협력
cooperative 협력적인
3 coordinate [koʊ'ɔːrdɪneɪt] 조정하다
coordination 조정
3 cope [koʊp] 대처하다
1 Coppola ['kɒpələ] 코폴라 (이름)
8 **copy** ['kɒpi] 복사하다
coping 대처하는 single-copy 단일 복사
19 **copyright** ['kɒpiraɪt] 저작권
copyrighted 저작권을 등록했다
1 coral ['kɔːrəl] 산호
2 core [kɔːr] 핵심
1 coresearcher [kɔːrɪ'sɜːrtʃər] 공동 연구원
1 corporate ['kɔːrpərət] 기업의
11 **correct** [kə'rekt] 올바른 3,12단원
corrected 수정된 correction 수정
correctly 올바르게 correctness 정확성
2 correlated ['kɔːrəleɪtɪd] 상관관계가 있는
correlation 상관관계
6 **correspondence** [ˌkɔːrə'spɒndəns] 서신
corresponding 해당하는 correspond 일치하다
26 **cost** [kɒst] 비용 1단원
costing 비용이 드는 costly 비용이 많이 드는
1 costumery [kɒ'stjuːməri] 의상
2 cotton ['kɒtn] 면
1 couch [kaʊtʃ] 소파
71 **could** [kʊd] ~할 수 있었다
1 council ['kaʊnsl] 의회
6 **counselor** ['kaʊnsələr] 상담사
10 **count** [kaʊnt] 세다
counting 세는 countless 셀 수 없는
finger-counting 손가락으로 세기
1 counter ['kaʊntər] 카운터
1 counteract [ˌkaʊntər'ækt] 대항하다
1 counterintuitive [ˌkaʊntərɪn'tuːɪtɪv]
직관에 반하는
1 counterproductive [ˌkaʊntərprə'dʌktɪv]
역효과의
35 **country** ['kʌntri] 나라 1단원
3 county ['kaʊnti] 자치주
6 **couple** ['kʌpl] 커플
coupled 결합했다
2 courage ['kɜːrɪdʒ] 용기
22 **course** [kɔːrs] 과정
2 court [kɔːrt] 법원
13 **cover** ['kʌvər] 덮다, 다루다 3단원
covered 다룬 covering 다루는
4 coverage ['kʌvərɪdʒ] 보도
1 cow [kaʊ] 소
2 cowardly ['kaʊərdli] 겁 많은
1 coworker ['koʊwɜːrkər] 동료
1 CPU [ˌsiːpiː'juː] 중앙처리장치
1 crab [kræb] 게
1 cream [kriːm] 크림
86 **create** [kri'eɪt] 만들다
created 창조했다 creating 창조하는
creation 창조 creative 창의적인
creativity 창의성 creator 창조자
creature 생물
5 **credibility** [ˌkredə'bɪləti] 신뢰성
credible 믿을 만한
credit 신용
4 creek [kriːk] 시내
2 crime [kraɪm] 범죄
criminal 범죄의
4 crisis ['kraɪsɪs] 위기
2 criteria [kraɪ'tɪriə] 기준
18 **critical** ['krɪtɪkl] 비판적인 6단원
critic 비평가 criticism 비판 criticized 비판받은
critique 비평
9 **crop** [krɒp] 작물
cropping 자르기
10 **cross** [krɔːs] 건너다 5단원
crossed 건넌 crossing 건너는
3 crosscultural [krɔːs'kʌltʃərəl] 문화 간의
1 crosssection [krɔːs'sekʃn] 횡단면
1 crosswalk ['krɔːswɔːk] 횡단보도 5단원
4 crowd [kraʊd] 군중
overcrowd 과밀하게 하다 overcrowded 과밀한
6 **crucial** ['kruːʃl] 중요한
crucially 중요하게
2 *crude [kruːd] 원유의, 조잡한
1 crystal ['krɪstl] 수정
1 cuckoo ['kuːkuː] 뻐꾸기
3 cue [kjuː] 신호
1 cuisine [kwɪ'ziːn] 요리
4 cultivate ['kʌltɪveɪt] 경작하다
cultivated 재배했다
35 **cultural** ['kʌltʃərəl] 문화적인
culturally 문화적으로
32 **culture** ['kʌltʃər] 문화
2 *cuneiform ['kjuːnɪfɔːrm] 쐐기 문자
6 **cup** [kʌp] 컵
1 curb [kɜːrb] 억제하다
4 cure [kjʊr] 치료하다
cured 치료했다
1 curious ['kjʊriəs] 호기심 많은
15 **current** ['kɜːrənt] 현재의 4단원

currently 현재
1 cushion [ˈkʊʃn] 쿠션
1 customary [ˈkʌstəmeri] 관례적인
15 **customer** [ˈkʌstəmər] 고객 13단원
1 customizing [ˈkʌstəmaɪzɪŋ] 맞춤화하는
15 **cut** [kʌt] 자르다
cutting 자르는 shortcut 지름길
1 cute [kjuːt] 귀여운
3 CVL [ˌsiːviːˈel] 시민자유연맹 (Civil Liberties Union)
1 cyberspace [ˈsaɪbərspeɪs] 사이버 공간 11단원
6 **cycle** [ˈsaɪkl] 주기
cyclist 자전거 타는 사람
4 dad [dæd] 아빠
7 **daily** [ˈdeɪli] 매일의
1 dairy [ˈderi] 유제품
11 **damage** [ˈdæmɪdʒ] 손상
damaged 손상시켰다 damaging 손상시키는
2 dame [deɪm] 귀부인
1 Dan [dæn] 댄 (이름)
9 **dance** [dæns] 춤추다
danced 춤췄다 dancer 무용수
2 dancefloor [ˈdænsflɔːr] 댄스플로어
12 **danger** [ˈdeɪndʒər] 위험
dangerous 위험한
6 **dark** [dɑːrk] 어두운
darkening 어두워지는 darkness 어둠
2 dash [dæʃ] 대시
dashed 대시로 표시했다
14 **data** [ˈdeɪtə] 데이터
database 데이터베이스
11 **date** [deɪt] 날짜
2 dati [ˈdɑːti] 데이티 (이름)
6 **daughter** [ˈdɔːtər] 딸
50 **day** [deɪ] 날
1 daylight [ˈdeɪlaɪt] 일광
3 DC [ˌdiːˈsiː] 워싱턴 D.C., 직류
4 dead [ded] 죽은
deadly 치명적인
1 deadline [ˈdedlaɪn] 마감 시간
2 deadlock [ˈdedlɒk] 교착 상태
13 **deal** [diːl] 거래하다
dealing 거래하는
deal with 다루다
7 **dear** [dɪr] 친애하는
6 **death** [deθ] 죽음
3 debate [dɪˈbeɪt] 토론
1 debt [det] 빚
9 **decade** [ˈdekeɪd] 10년 12단원
9 **December** [dɪˈsembər] 12월
3 *decency [ˈdiːsnsi] 품위, 예의 17단원
decent 품위 있는
1 deceptive [dɪˈseptɪv] 기만적인
39 **decide** [dɪˈsaɪd] 결정하다
decided 결정했다 decision 결정
1 declare [dɪˈkler] 선언하다
13 **decline** [dɪˈklaɪn] 감소하다 17단원
declining 감소하는
2 decod [dɪˈkoʊd] 해독하다
decoded 해독했다 decoding 해독
1 decorated [ˈdekəreɪtɪd] 장식된
18 **decrease** [dɪˈkriːs] 감소하다
decreased 감소했다
2 *decry [dɪˈkraɪ] 비난하다, 공격하다
decried 비난받은
2 dedicated [ˈdedɪkeɪtɪd] 헌신적인
18 **deep** [diːp] 깊은
deepen 깊어지다 deeper 더 깊은
deepest 가장 깊은 deeply 깊이
1 deer [dɪr] 사슴
1 defeated [dɪˈfiːtɪd] 패배한
3 defect [ˈdiːfekt] 결함
4 defend [dɪˈfend] 방어하다
3 defense [dɪˈfens] 방어 3단원
defenseless 방어할 수 없는
2 *deficiency [dɪˈfɪʃnsi] 결핍, 부족
deficit 적자
1 defied [dɪˈfaɪd] 거역한
20 **define** [dɪˈfaɪn] 정의하다 12단원
defined 정의된 defining 정의하는
definition 정의
2 definitely [ˈdefənətli] 확실히 5단원
2 definitive [dɪˈfɪnətɪv] 결정적인
definitively 명확하게
2 deforestation [diːˌfɒrɪˈsteɪʃn] 삼림 벌채
1 degradation [ˌdegrəˈdeɪʃn] 퇴화
7 **degree** [dɪˈgriː] 학위
6 **delay** [dɪˈleɪ] 지연
delayed 지연시켰다
2 *delegation [ˌdeləˈgeɪʃn] 대표단, 위임
1 delete [dɪˈliːt] 삭제하다
4 deliberately [dɪˈlɪbərətli] 의도적으로
deliberate 고의적인
1 delicious [dɪˈlɪʃəs] 맛있는
8 **delighted** [dɪˈlaɪtɪd] 기뻐하는
delight 기쁨 delightful 즐거운
9 **deliver** [dɪˈlɪvər] 배달하다 14단원
delivering 전달하는 delivery 배달
2 Della [ˈdelə] 델라 (이름)
15 **demand** [dɪˈmænd] 요구하다 17단원
demanded 요구된 demanding 요구하는
2 *demarcate [ˈdiːmɑːrkeɪt] 경계를 정하다
demarcated 경계 지어진
4 democracy [dɪˈmɒkrəsi] 민주주의
democratic 민주적인 democratized 민주화했다

5 **demonstrate** ['demənstreɪt] 시연하다
demonstrated 입증했다 demonstrating 입증하는

2 Denmark ['denmɑːrk] 덴마크

6 **density** ['densəti] 밀도
dense 밀집한 densely 빽빽하게

9 **deny** [dɪ'naɪ] 부인하다
denial 거부 denied 거부했다 denying 부인하는

3 department [dɪ'pɑːrtmənt] 부서

1 departure [dɪ'pɑːrtʃər] 출발

12 **depend** [dɪ'pend] 의존하다
dependence 의존 dependent 의존적인
depending 의존하는

3 depiction [dɪ'pɪkʃn] 묘사

2 *deplete [dɪ'pliːt] 고갈시키다, 소모하다
depleted 고갈된

1 deposit [dɪ'pɒzɪt] 예금

5 **depressed** [dɪ'prest] 우울한
depression 우울증

3 depth [depθ] 깊이

2 *deranged [dɪ'reɪndʒd] 제정신이 아닌, 미친

1 derive [dɪ'raɪv] 유래하다
derived 유래했다

2 descendant [dɪ'sendənt] 자손

1 descent [dɪ'sent] 하강

21 **describe** [dɪ'skraɪb] 설명하다
described 설명했다 describing 설명하는
description 설명

2 desert ['dezərt] 사막
deserted 버렸다

26 **design** [dɪ'zaɪn] 설계하다
designed 설계했다

1 designated ['dezɪgneɪtɪd] 지정된

14 **desire** [dɪ'zaɪər] 욕망
desirable 바람직한 desired 원했다

5 **desk** [desk] 책상 2단원

1 despair [dɪ'sper] 절망

4 desperate ['despərət] 필사적인
desperately 필사적으로

4 despite [dɪ'spaɪt] ~에도 불구하고

1 dessert [dɪ'zɜːrt] 디저트

7 **destination** [ˌdestɪ'neɪʃn] 목적지 12단원

9 **destroy** [dɪ'strɔɪ] 파괴하다
destroyed 파괴했다 destroying 파괴하는
destruction 파괴 destructive 파괴적인

14 **detail** ['diːteɪl] 세부사항
detailed 상세한

2 detect [dɪ'tekt] 감지하다

2 deterioration [dɪˌtɪriə'reɪʃn] 악화

8 **determine** [dɪ'tɜːrmɪn] 결정하다 16단원
determinacy 결정성 determinate 결정된
determined 결정된

1 devastated ['devəsteɪtɪd] 황폐해진

59 **develop** [dɪ'veləp] 개발하다
developed 개발했다 developing 개발하는
development 개발 developmental 발달의

2 *deviate ['diːvieɪt] 벗어나다, 일탈하다

5 **device** [dɪ'vaɪs] 장치 11단원

4 devise [dɪ'vaɪz] 고안하다
devised 고안했다

4 devote [dɪ'voʊt] 헌신하다
devoted 헌신적인 devotedly 헌신적으로
devotion 헌신

1 diabetes [ˌdaɪə'biːtiːz] 당뇨병

2 dialect ['daɪəlekt] 방언

3 dialogue ['daɪəlɒg] 대화

1 Diane [daɪ'æn] 다이앤 (이름)

6 **diary** ['daɪəri] 일기

1 Dicken ['dɪkən] 디킨 (이름)

2 dictate [dɪk'teɪt] 명령하다

44 **did** [dɪd] 했다

2 *didactic [daɪ'dæktɪk] 교훈적인, 설교조의

4 died [daɪd] 죽었다

4 diet ['daɪət] 식단

71 **different** ['dɪfrənt] 다른
differ 다르다 difference 차이
differentially 차별적으로 differentiate 구별하다
differently 다르게

32 **difficult** ['dɪfɪkəlt] 어려운
difficulty 어려움

1 digestion [daɪ'dʒestʃən] 소화

9 **digital** ['dɪdʒɪtl] 디지털의
digitalized 디지털화했다

1 Dilbert ['dɪlbərt] 딜버트 (만화 캐릭터)

9 **dilemma** [dɪ'lemə] 딜레마 12단원

4 dimension [daɪ'menʃn] 차원
dimensional 차원의

6 **diminish** [dɪ'mɪnɪʃ] 감소하다
diminished 감소했다 diminishing 감소하는

5 **dinner** ['dɪnər] 저녁 식사
dining 식사

3 dinosaur ['daɪnəsɔːr] 공룡

1 diplomatic [ˌdɪplə'mætɪk] 외교적인

39 **direct** [də'rekt] 직접적인 10단원
directed 지시된 direction 방향
directive 지시 directly 직접적으로 director 감독

1 dirty ['dɜːrti] 더러운

3 disabled [dɪs'eɪbld] 장애가 있는
disability 장애 disabling 무력화하는

6 **disadvantage** [ˌdɪsəd'væntɪdʒ] 불이익

4 disagree [ˌdɪsə'griː] 동의하지 않다 14단원
disagreeable 불쾌한 disagreement 의견 불일치

4 disappear [ˌdɪsə'pɪr] 사라지다
disappeared 사라졌다

11 **disappointed** [ˌdɪsə'pɔɪntɪd] 실망한
disappointment 실망

5 **disapprove** [ˌdɪsə'pruːv] 반대하다

disapproving 못마땅해 하는
1 disassociated [ˌdɪsəˈsoʊʃieɪtɪd] 분리된
4 disaster [dɪˈzæstər] 재난 7단원
disastrous 재앙적인
1 discarded [dɪˈskɑːrdɪd] 버려진
1 discern [dɪˈsɜːrn] 식별하다
5 *discharge [dɪsˈtʃɑːrdʒ] 방출하다
discharging 방출하는
8 discipline [ˈdɪsəplɪn] 규율
disciplined 훈련시켰다
3 disclosed [dɪsˈkloʊzd] 공개된
disclosure 공개
1 disconnected [ˌdɪskəˈnektɪd] 단절된
7 discount [ˈdɪskaʊnt] 할인
discounted 할인했다
5 discourage [dɪsˈkɜːrɪdʒ] 낙담시키다 11,13단원
discouraged 낙담한
23 discover [dɪˈskʌvər] 발견하다
discovered 발견했다 discovery 발견
1 discrete [dɪˈskriːt] 분리된
9 discuss [dɪˈskʌs] 토론하다
discussed 논의했다 discussing 논의하는
discussion 토론
13 disease [dɪˈziːz] 질병
3 disengage [ˌdɪsɪnˈgeɪdʒ] 해제하다
disengagement 분리
2 disgusted [dɪsˈgʌstɪd] 역겨워하는 11단원
1 dishonest [dɪsˈɒnɪst] 부정직한
1 dislike [dɪsˈlaɪk] 싫어하다
4 *dismiss [dɪsˈmɪs] 해고하다, 일축하다
dismissal 해고 dismissed 해고된
1 disorder [dɪsˈɔːrdər] 무질서
2 *disparate [ˈdɪspərət] 이질적인, 상이한
4 *disperse [dɪˈspɜːrs] 흩어지다, 분산시키다
dispersal 분산 dispersing 흩어지는
1 displacement [dɪsˈpleɪsmənt] 변위
10 display [dɪˈspleɪ] 전시하다
displayed 전시했다 displaying 전시하는
1 disposable [dɪˈspoʊzəbl] 일회용의
2 dispose [dɪˈspoʊz] 처분하다
disposal 처분
4 *disposition [ˌdɪspəˈzɪʃn] 성향, 기질
dispositional 성향의
1 dispute [dɪˈspjuːt] 분쟁
1 disrupt [dɪsˈrʌpt] 방해하다
1 dissatisfied [dɪsˈsætɪsfaɪd] 불만족스러운
3 dissimilar [dɪˈsɪmələr] 다른 14단원
2 dissolved [dɪˈzɒlvd] 용해된
16 distance [ˈdɪstəns] 거리 12단원
distant 먼
12 distinct [dɪˈstɪŋkt] 뚜렷한
distinction 구별 distinctive 독특한
distinctness 명확성
5 distinguish [dɪˈstɪŋgwɪʃ] 구별하다 12단원
distinguished 구별된
7 *distortion [dɪˈstɔːrʃn] 왜곡
4 distraction [dɪˈstrækʃn] 주의 산만
4 distress [dɪˈstres] 고통
10 distribute [dɪˈstrɪbjuːt] 분배하다
distributed 분배했다 distribution 분배
2 district [ˈdɪstrɪkt] 지역 10단원
4 disturb [dɪˈstɜːrb] 방해하다
disturbance 방해 disturbed 방해했다
disturbing 불안하게 하는
2 dive [daɪv] 잠수하다
diver 잠수부
20 diversity [daɪˈvɜːrsəti] 다양성 9단원
diversify 다양화하다 diversified 다양화된
diverse 다양한
2 divert [daɪˈvɜːrt] 전환하다
diverting 전환하는
8 divide [dɪˈvaɪd] 나누다
divided 나눴다 dividing 나누는 division 분할
subdivision 세분화
1 divisive [dɪˈvaɪsɪv] 분열적인
1 divorcing [dɪˈvɔːrsɪŋ] 이혼하는
2 DNA [ˌdiːenˈeɪ] 유전자의 본체 17단원
211 do [duː] 하다
does 한다 doing 하는
3 doctor [ˈdɒktər] 의사
doctoral 박사의
6 document [ˈdɒkjumənt] 문서
documented 문서화했다
1 dodge [dɒdʒ] 피하다
20 dog [dɒg] 개
7 dollar [ˈdɒlər] 달러
1 dolphin [ˈdɒlfɪn] 돌고래
7 domain [doʊˈmeɪn] 영역
1 domestic [dəˈmestɪk] 국내의
2 dominance [ˈdɒmɪnəns] 지배
4 dominant [ˈdɒmɪnənt] 지배적인
5 dominated [ˈdɒmɪneɪtɪd] 지배된
dominating 지배하는 domination 지배
15 donation [doʊˈneɪʃn] 기부 16단원
donated 기부된 donate 기부하다
2 Donato [dəˈnɑːtoʊ] 도나토 (이름)
13 done [dʌn] 완료된 5단원
2 Donna [ˈdɒnə] 도나 (이름)
11 door [dɔːr] 문
1 doorway [ˈdɔːrweɪ] 출입구
1 dotting [ˈdɒtɪŋ] 점을 찍는
1 double [ˈdʌbl] 두 배의
6 doubt [daʊt] 의심
doubtful 의심스러운
35 down [daʊn] 아래로

2 download [ˌdaʊnˈloʊd] 다운로드하다
downloaded 다운로드했다
1 downplay [ˌdaʊnˈpleɪ] 경시하다
1 downpour [ˈdaʊnpɔːr] 폭우
2 downtown [ˌdaʊnˈtaʊn] 시내
1 downturn [ˈdaʊntɜːrn] 하락
3 dozen [ˈdʌzn] 12개
4 Dr. [ˈdɒktər] 박사
1 drag [dræg] 끌다
6 **dramatically** [drəˈmætɪkli] 극적으로
dramatisation 극화 dramatizing 극화하는
1 drank [dræŋk] 마셨다
6 **draw** [drɔː] 그리다
draw on 이용하다 drew 그렸다
2 drawback [ˈdrɔːbæk] 단점
6 **drawing** [ˈdrɔːɪŋ] 그림
4 drawn [drɔːn] 그려진
overdrawn 초과 인출된
1 dreaded [ˈdredɪd] 두려워하는
23 **dream** [driːm] 꿈
dreamer 꿈꾸는 사람 dreaming 꿈꾸는
5 **dress** [dres] 드레스
1 drew [druː] 그렸다
1 dried [draɪd] 말린
2 drill [drɪl] 훈련 11단원
drilled 훈련된
4 drink [drɪŋk] 마시다
drinking 마시는
26 **drive** [draɪv] 운전하다
driven 운전했다 driver 운전자 driving 운전하는
drove 운전했다
2 drop [drɒp] 떨어뜨리다
2 dry [draɪ] 건조한
2 dual [ˈduːəl] 이중의
1 duck [dʌk] 오리
7 **due to** [djuː tu] ~때문에
1 dull [dʌl] 지루한
2 dumb [dʌm] 바보 같은 16단원
dumber 더 멍청한
1 dumpster [ˈdʌmpstər] 대형 쓰레기통
11 **duration** [djʊˈreɪʃn] 기간
29 **during** [ˈdjʊərɪŋ] ~동안
1 dust [dʌst] 먼지
1 DVD [ˌdiːviːˈdiː] 데이터 저장 매체
1 dwindling [ˈdwɪndlɪŋ] 줄어드는
1 dye [daɪ] 염료, 염색하다
2 dynamic [daɪˈnæmɪk] 역동적인
1 dynamo [ˈdaɪnəmoʊ] 발전기
68 **each** [iːtʃ] 각각의
3 eagerly [ˈiːgərli] 열심히

4 eagle [ˈiːgl] 독수리
4 ear [ɪr] 귀
25 **early** [ˈɜːrli] 이른
earlier 더 일찍 earliest 가장 이른
3 earn [ɜːrn] 벌다 6단원
earned 얻은
4 earth [ɜːrθ] 지구
earthly 세속적인
18 **easily** [ˈiːzəli] 쉽게
ease 편안함 easier 더 쉬운 easiest 가장 쉬운
9 **east** [iːst] 동쪽
eastern 동쪽의 eastland 동부 지역
13 **easy** [ˈiːzi] 쉬운
28 **eat** [iːt] 먹다
eaten 먹었다 eater 먹는 사람 eating 먹는
overeat 과식하다
3 ecofriendly [ˈiːkoʊfrendli] 환경 친화적인
ecofriendliness 친환경성
6 **ecological** [ˌiːkəˈlɒdʒɪkl] 생태학적인
ecology 생태학
5 **economical** [ˌiːkəˈnɒmɪkl] 경제적인
economically 경제적으로
29 **economy** [ɪˈkɒnəmi] 경제
economic 경제적인 economics 경제학
economy 경제 economist 경제학자
1 ecosensitive [ˈiːkoʊsensətɪv] 생태 민감한
7 **ecosystem** [ˈiːkoʊsɪstəm] 생태계 9단원
3 edge [edʒ] 가장자리 4,16단원
2 editing [ˈedɪtɪŋ] 편집
editorial 편집의, 사설
5 **edition** [ɪˈdɪʃn] 판 6,12단원
17 **education** [ˌedʒuˈkeɪʃn] 교육
educational 교육적인 educated 교육받았다
educating 교육하는 educator 교육자
44 **effect** [ɪˈfekt] 영향
effective 효과적인 effectively 효과적으로
effectiveness 효과성
13 **efficiency** [ɪˈfɪʃnsi] 효율성 1단원
efficient 효율적인 efficiently 효율적으로
20 **effort** [ˈefərt] 노력
7 **egg** [eg] 달걀
1 ego [ˈiːgoʊ] 자아
2 *egregious [ɪˈgriːdʒəs] 지독한, 터무니없는
6 **Egypt** [ˈiːdʒɪpt] 이집트
Egyptian 이집트의
1 EiffelTower [ˈaɪfəl ˈtaʊər] 에펠탑 15단원
5 **eight** [eɪt] 8의
eighth 8번째
4 eighteen [ˌeɪˈtiːn] 18의
eighteenth 18번째
4 eighty [ˈeɪti] 80의
18 **either** [ˈaɪðər] 둘 중 하나
2 elaborate [ɪˈlæbərət] 정교한

2 elder ['eldər] 연장자
1 electability [ɪ,lektə'bɪləti] 당선 가능성
7 **election** [ɪ'lekʃn] 선거
electoral 선거의
20 **electricity** [ɪ,lek'trɪsəti] 전기
electric 전기의 electrical 전기의
electrically 전기적으로
4 electronic [ɪ,lek'trɒnɪk] 전자의
1 elegance ['elɪgəns] 우아함
14 **element** ['elɪmənt] 요소
2 elementary [,elɪ'mentri] 초등의
5 **elephant** ['elɪfənt] 코끼리
3 elevated ['elɪveɪtɪd] 높아진
2 elevation [,elɪ'veɪʃn] 고도
5 **eliminate** [ɪ'lɪmɪneɪt] 제거하다 9단원
eliminated 제거된 eliminating 제거하는
elimination 제거
1 elite [eɪ'liːt] 엘리트
6 **else** [els] 그 밖에
1 elsewhere [,els'wer] 다른 곳에
1 elusive [ɪ'luːsɪv] 붙잡기 어려운
3 email ['iːmeɪl] 이메일
2 embody [ɪm'bɒdi] 구현하다
embodied 구현했다
1 embrace [ɪm'breɪs] 포용하다
1 emerald ['emərəld] 에메랄드
9 **emerge** [ɪ'mɜːrdʒ] 나타나다
emerged 나타났다 emerging 새롭게 부상하는
submerged 잠겼다
1 emergency [ɪ'mɜːrdʒənsi] 비상사태
1 emigrated ['emɪgreɪtɪd] 이주한
1 eminent ['emɪnənt] 저명한
10 **emission** [ɪ'mɪʃn] 배출 1,8단원
5 **emit** [ɪ'mɪt] 방출하다
emitter 방출기 emitting 방출하는
30 **emotion** [ɪ'moʊʃn] 감정
emotional 감정적인 emotionally 감정적으로
4 *empathetic [,empə'θetɪk] 공감하는
4 emphasize ['emfəsaɪz] 강조하다
3 empire ['empaɪər] 제국
4 *empirical [ɪm'pɪrɪkl] 경험적인
23 **employ** [ɪm'plɔɪ] 고용하다
employed 고용했다 employee 직원
employer 고용주 employing 고용하는
employment 고용
4 empower [ɪm'paʊər] 권한을 부여하다 7단원
empowered 권한을 부여받은
empowering 권한을 부여하는
4 empty ['empti] 비어있는
2 *emulate ['emjəleɪt] 모방하다, 경쟁하다
1 en route [ɒn ruːt] 도중에
10 **enable** [ɪn'eɪbl] 가능하게 하다
enabled 가능하게 했다 enabling 가능하게 하는
1 enact [ɪ'nækt] 제정하다
1 enclosure [ɪn'kloʊʒər] 울타리
1 encompass [ɪn'kʌmpəs] 포함하다
8 **encounter** [ɪn'kaʊntər] 마주치다 12,15단원
encountering 마주치는
20 **encourage** [ɪn'kɜːrɪdʒ] 격려하다 2,11단원
encouraged 격려받은 encouragement 격려
35 **end** [end] 끝, 끝나다 1,13단원
ended 끝난 ending 끝나는
end up 결국 ~하게 되다
2 endangered [ɪn'deɪndʒərd] 멸종 위기의
1 endeavor [ɪn'devər] 노력하다
6 **endless** ['endləs] 끝없는
endlessly 끝없이
2 *endow [ɪn'daʊ] 기부하다, 부여하다
endowed 부여된
4 endure [ɪn'djʊr] 견디다
endurance 인내 enduring 지속하는
10 **enemy** ['enəmi] 적
32 **energy** ['enərdʒi] 에너지
energetically 힘차게
6 **engage** [ɪn'geɪdʒ] 참여하다
engaged 약혼했다 engaging 매력적인
5 **engine** ['endʒɪn] 엔진
7 **engineer** [,endʒɪ'nɪr] 엔지니어 6단원
engineering 공학
7 **English** ['ɪŋglɪʃ] 영어
England 영국
1 engraved [ɪn'greɪvd] 새겨진
11 **enhance** [ɪn'hæns] 향상시키다 7단원
enhancing 향상시키는
16 **enjoy** [ɪn'dʒɔɪ] 즐기다
enjoyable 즐거운 enjoying 즐기는
enjoyment 즐거움
1 enlarged [ɪn'lɑːrdʒd] 확대된
1 enlightened [ɪn'laɪtnd] 깨우친
2 enormous [ɪ'nɔːrməs] 거대한
12 **enough** [ɪ'nʌf] 충분한
2 enrolled [ɪn'roʊld] 등록한
enrolling 등록하는
1 ensue [ɪn'sjuː] 뒤따르다
11 **ensure** [ɪn'ʃʊr] 보장하다
ensured 보장했다 ensuring 보장하는
5 ***entail** [ɪn'teɪl] 수반하다
entailed 수반했다
2 *entanglement [ɪn'tæŋglmənt]
얽힘, 복잡한 상황
9 **enter** ['entər] 들어가다
entered 들어갔다 entering 들어가는
6 ***enterprise** ['entərpraɪz] 기업
2 entertainment [,entər'teɪnmənt] 오락
entertainingly 재미있게

2 enthusiastically [ɪn,θuːzi'æstɪkli] 열정적으로
enthusiasm 열정
9 **entire** [ɪn'taɪər] 전체의 3단원
entirely 완전히
4 *entitled [ɪn'taɪtld] 권리를 부여받은
entitlement 권리
5 ***entity** ['entəti] 실체
3 entrance ['entrəns] 입구
2 *entrepreneur [,ɑːntrəprə'nɜːr] 기업가
5 **entry** ['entri] 입장
2 envious ['enviəs] 부러워하는
46 **environment** [ɪn'vaɪrənmənt] 환경
environmental 환경의
1 envision [ɪn'vɪʒn] 상상하다
1 envy ['envi] 질투하다
11 **equal** ['iːkwəl] 동등한 14단원
equality 평등 equally 동등하게
1 equation [ɪ'kweɪʒn] 방정식
5 **equilibrium** [,iːkwə'lɪbriəm] 균형
2 equipment [ɪ'kwɪpmənt] 장비 3단원
2 equivalent [ɪ'kwɪvələnt] 동등한
3 era ['ɪrə] 시대
5 **erase** [ɪ'reɪz] 지우다
eraser 지우개
1 erosion [ɪ'roʊʒn] 침식
6 **error** ['erər] 오류
1 erupted [ɪ'rʌptɪd] 분출한
1 escalate ['eskəleɪt] 확대하다
3 escape [ɪ'skeɪp] 탈출하다
1 escort ['eskɔːrt] 호위하다
11 **especially** [ɪ'speʃəli] 특히
2 essay ['eseɪ] 에세이
23 **essential** [ɪ'senʃl] 필수적인 7,17단원
essence 본질
11 **establish** [ɪ'stæblɪʃ] 설립하다 3단원
established 설립된 establishing 설립하는
2 esteem [ɪ'stiːm] 존경
7 **estimate** ['estɪmeɪt] 추정하다
estimated 추정했다 estimation 추정
overestimate 과대평가
2 etc [et'setərə] 기타 등등 (et cetera)
10 **ethical** ['eθɪkl] 윤리적인 12단원
ethicist 윤리학자
5 **ethnic** ['eθnɪk] 민족의
ethnocentrism 자민족중심주의
3 euphemism ['juːfəmɪzəm] 완곡어법
11 **Europe** ['jʊrəp] 유럽
European 유럽의
8 **evaluated** [ɪ'væljueɪtɪd] 평가된
evaluating 평가하는 evaluation 평가
2 evaporated [ɪ'væpəreɪtɪd] 증발된
evaporation 증발

1 eve [iːv] 전야
2 Evelyn ['iːvlɪn] 에블린 (이름)
87 **even** ['iːvn] 심지어
5 **evening** ['iːvnɪŋ] 저녁
38 **event** [ɪ'vent] 사건
12 **eventually** [ɪ'ventʃuəli] 결국
eventual 결국의
20 **ever** ['evər] 언제나 4단원
4 Everest ['evərɪst] 에베레스트 3단원
Everester 에베레스트 등반가
1 everlasting [,evər'læstɪŋ] 영원한 1단원

22 **every** ['evri] 모든
1 everybody ['evribɒdi] 모든 사람
5 **everyday** ['evrideɪ] 일상적인
8 **everyone** ['evriwʌn] 모든 사람
11 **everything** ['evriθɪŋ] 모든 것
2 everywhere ['evriwear] 모든 곳
23 **evidence** ['evɪdəns] 증거 16단원
1 evident ['evɪdənt] 명백한
2 *evince [ɪ'vɪns] 나타내다, 보이다
evinced 나타낸
4 evoke [ɪ'voʊk] 불러일으키다
26 **evolve** [ɪ'vɒlv] 진화하다 17단원
evolution 진화 evolutionary 진화의
evolved 진화했다 evolving 진화하는
9 **exactly** [ɪg'zæktli] 정확히
exact 정확한
3 *exaggerate [ɪg'zædʒəreɪt] 과장하다
exaggerated 과장된 exaggerating 과장하는
4 exam [ɪg'zæm] 시험
examination 시험 examining 조사하는
53 **example** [ɪg'zæmpl] 예시
2 *excavate ['ekskəveɪt] 발굴하다, 파내다
excavated 발굴된
9 **exceed** [ɪk'siːd] 초과하다
exceeded 초과했다 exceeding 초과하는
2 excellent ['eksələnt] 훌륭한
excel 뛰어나게 하다
7 **except** [ɪk'sept] ~을 제외하고
exceptionally 예외적으로 exception 예외
4 excessive [ɪk'sesɪv] 과도한
excess 과잉
4 exchange [ɪks'tʃeɪndʒ] 교환하다
exchanging 교환하는 exciting 흥미진진한
18 **excited** [ɪk'saɪtɪd] 흥분한 4,11단원
excitedly 흥분되게 excitement 흥분
3 exclaimed [ɪk'skleɪmd] 외쳤다
3 exclusively [ɪk'skluːsɪvli] 독점적으로
1 excuse [ɪk'skjuːz] 변명하다
1 executive [ɪg'zekjətɪv] 경영진
2 exemplify [ɪg'zemplɪfaɪ] 예시하다
exemplified 예시했다

7 **exercise** ['eksərsaɪz] 운동
exercising 운동하는
1 exerting [ɪg'zɜːrtɪŋ] 발휘하는
4 exhaust [ɪg'zɔːst] 소진하다
exhausted 지쳤다 exhaustion 탈진
12 **exhibit** [ɪg'zɪbɪt] 전시하다
exhibited 전시했다 exhibiting 전시하는
exhibition 전시회
18 **exist** [ɪg'zɪst] 존재하다
existed 존재했다 existence 존재 existing 존재하는 nonexistence 비존재
1 exit ['eksɪt] 출구
2 exotic [ɪg'zɒtɪk] 이국적인
2 expand [ɪk'spænd] 확장하다
expanding 확장하는
22 **expect** [ɪk'spekt] 기대하다
expectantly 기대하며 expectation 기대
expected 예상했다 expecting 예상하는
2 expedition [ˌekspə'dɪʃn] 탐험
1 expel [ɪk'spel] 추방하다
1 expend [ɪk'spend] 소비하다
4 expense [ɪk'spens] 비용
6 **expensive** [ɪk'spensɪv] 비싼
46 **experience** [ɪk'spɪriəns] 경험
experienced 경험했다 experiencing 경험하는
33 **experiment** [ɪk'sperɪmənt] 실험
experimental 실험적인 experimenter 실험자
experimenting 실험하는
17 **expert** ['ekspɜːrt] 전문가
expertise 전문지식 nonexpert 비전문가
27 **explain** [ɪk'spleɪn] 설명하다
explained 설명했다 explaining 설명하는
explanation 설명
4 explicit [ɪk'splɪsɪt] 명시적인
explicitly 명시적으로
5 ***exploit** [ɪk'splɔɪt] 이용하다
*exploitation 착취, 이용
2 exploration [ˌeksplə'reɪʃn] 탐험
12 **explore** [ɪk'splɔːr] 탐험하다
explored 탐험했다 explorer 탐험가
exploring 탐험하는
1 explosion [ɪk'sploʊʒn] 폭발
1 export ['ekspɔːrt] 수출
6 **exposed** [ɪk'spoʊzd] 노출된
*exposition 설명, 해설
3 exposure [ɪk'spoʊʒər] 노출
22 **express** [ɪk'spres] 표현하다
expressed 표현했다 expressing 표현하는
expression 표현
11 **extend** [ɪk'stend] 확장하다
extended 연장했다 extension 확장
extensive 광범위한
8 **extent** [ɪk'stent] 정도
6 **external** [ɪk'stɜːrnl] 외부의
externality 외부성

2 extra ['ekstrə] 추가의
4 extracted [ɪk'stræktɪd] 추출된
extraction 추출 extractive 추출의
1 extraordinary [ɪk'strɔːrdəneri] 비범한
11 **extreme** [ɪk'striːm] 극단적인
extremely 극도로 extremist 극단주의자
4 extrinsic [ek'strɪnsɪk] 외재적인
7 **extrovert** ['ekstrəvɜːrt] 외향적인 사람
extroverted 외향적인
25 **eye** [aɪ] 눈
1 fabrication [ˌfæbrɪ'keɪʃn] 제작
1 fabulous ['fæbjələs] 멋진
2 *facade [fə'sɑːd] 정면, 외관
29 **face** [feɪs] 얼굴 9,16단원
faced 직면한 facing 직면하는
facial 얼굴의
3 facilitate [fə'sɪlɪteɪt] 촉진하다
facilitating 촉진하는 facilitator 진행자
1 facility [fə'sɪləti] 시설 2단원
39 **fact** [fækt] 사실
factual 사실의
14 **factor** ['fæktər] 요인 7단원
5 **factory** ['fæktəri] 공장
2 fade [feɪd] 희미해지다
faded 바랬다
23 **fail** [feɪl] 실패하다
failed 실패했다 failing 실패하는 failure 실패
1 faint [feɪnt] 희미한
1 fairtrade [ˌfer'treɪd] 공정무역
2 faith [feɪθ] 믿음
faithful 충실한
3 fake [feɪk] 가짜의
13 **fall** [fɔːl] 떨어지다
falling 떨어지는
fall into ~에 빠지다
fell 떨어졌다
2 *fallacy ['fæləsi] 오류, 착각
5 **false** [fɔːls] 거짓의
falsify 위조하다
6 **fame** [feɪm] 명성
famed 유명한
8 **familiar** [fə'mɪliər] 친숙한
familiarity 친숙함
13 **family** ['fæməli] 가족
8 **famous** ['feɪməs] 유명한 6단원
famously 유명하게
3 fan [fæn] 팬
fanned 부채질했다
1 fancy ['fænsi] 멋진
8 **fantasy** ['fæntəsi] 환상
*fantasmatic 환상적인 fantastic 환상적인
21 **far** [fɑːr] 멀리
3 Faraday ['færədeɪ] 패러데이 (이름)

8 **farm** [fɑːrm] 농장
farmer 농부 farming 농사
1 farther ['fɑːrðər] 더 멀리
3 fascinated ['fæsɪneɪtɪd] 매혹된
fascinating 매혹적인 fascination 매혹
11 **fashion** ['fæʃn] 패션
fashioned 만들어진
24 **fast** [fæst] 빠른
faster 더 빠른 fastest 가장 빠른
3 fatal ['feɪtl] 치명적인 1단원
fatally 치명적으로 fatality 사망자
1 fate [feɪt] 운명
2 father ['fɑːðər] 아버지
3 fatigue [fə'tiːg] 피로
1 fatter ['fætər] 더 뚱뚱한
2 fault [fɔːlt] 잘못
faulty 결함 있는
21 **favor** ['feɪvər] 호의
favorable 호의적인 favorably 호의적으로
favorite 가장 좋아하는 favoritism 편애
favour 호의 favoured 선호된
17 **fear** [fɪr] 두려움
feared 두려워했다 fearful 두려운
1 feather ['feðər] 깃털 14단원
13 **feature** ['fiːtʃər] 특징 13단원
1 February ['februeri] 2월
2 fed [fed] 먹였다
1 federal ['fedərəl] 연방의
12 **fee** [fiː] 요금 2단원
5 **feed** [fiːd] 먹이다
feeding 먹이는
1 feedback ['fiːdbæk] 반응, 감상
56 **feel** [fiːl] 느끼다 12단원
feeling 느낌
3 feet [fiːt] 발들
4 fell [fel] 떨어졌다
1 fellow ['feloʊ] 동료
13 **felt** [felt] 느꼈다
6 **female** ['fiːmeɪl] 여성의
1 feminism ['femənɪzəm] 페미니즘
7 **fence** [fens] 울타리
1 fender ['fendər] 펜더 (자동차 바퀴를 감싸는 부품)
1 Fermi ['fɜːrmi] 페르미 (이름)
1 Fermignano [ˌfermɪn'jɑːnoʊ]
페르미냐노 (이탈리아 도시)
4 *fertilizer ['fɜːrtəlaɪzər] 비료
fertility 비옥도
6 **festival** ['festɪvl] 축제
35 **few** [fjuː] 몇몇의
fewer 더 적은 fewest 가장 적은
7 **fiber** ['faɪbər] 섬유
6 **fiction** ['fɪkʃn] 소설
fictional 허구의
3 *fidelity [fɪ'deləti] 충실도, 정확성
17 **field** [fiːld] 분야
1 fifteen [ˌfɪf'tiːn] 15의
1 fifth [fɪfθ] 다섯 번째
3 fight [faɪt] 싸우다
fighting 싸우는
9 **figure** ['fɪgjər] 수치, 모습 10단원
figuring 이해하는
figure out 알아내다
2 file [faɪl] 파일
filed 제출했다
7 **fill** [fɪl] 채우다 1단원
filled 채워진 filler 충전제 filling 채우는
fill in 채워넣다, 작성하다
43 **film** [fɪlm] 영화
filmic 영화 같은 filming 촬영하는
filmmaker 영화 제작자
6 **filter** ['fɪltər] 걸러내다
filtered 걸러진 overfilter 과도하게 거르다
17 **finally** ['faɪnəli] 마침내
final 최종적인
7 **financial** [faɪ'nænʃl] 재정적인 9단원
43 **find** [faɪnd] 찾다
finding 발견
find out 알아내다
5 **fine** [faɪn] 좋은
finest 가장 좋은
6 **finger** ['fɪŋgər] 손가락
fingerprint 지문 fingertip 손가락 끝
4 finish ['fɪnɪʃ] 끝내다
finished 끝냈다
7 **fire** ['faɪər] 불
firefighter 소방관
11 **firm** [fɜːrm] 회사
firmly 단단히
47 **first** [fɜːrst] 첫 번째
34 **fish** [fɪʃ] 물고기
fishery 어장 fishermen 어부들 fishing 낚시
6 **fit** [fɪt] 맞다
5 **fitness** ['fɪtnəs] 체력
1 fitter ['fɪtər] 더 적합한
13 **five** [faɪv] 다섯인
12 **fix** [fɪks] 고치다
fixed 고정된 fixing 고치는
2 fixate ['fɪkseɪt] 고정하다
fixation 고착
4 flash [flæʃ] 번쩍이다
flashier 더 화려한 flashing 번쩍이는
1 flashbulb ['flæʃbʌlb] (카메라의) 플래시 전구
3 flat [flæt] 평평한
flatland 평지
1 flattered ['flætərd] 기분 좋은
2 flavor ['fleɪvər] 맛

1 flaw [flɔː] 결점
4 flea [fliː] 벼룩
2 flew [fluː] 날았다
4 flexible ['fleksəbl] 유연한 9단원
flexibility 유연성
2 flight [flaɪt] 비행
flightless 날지 못하는
1 flipped [flɪpt] 뒤집힌
5 **float** [floʊt] 떠다니다
floated 떠있었다 floating 떠있는
1 flock [flɒk] 무리 14단원
1 flood [flʌd] 홍수
3 floor [flɔːr] 바닥
2 Florence ['flɒrəns] 플로렌스 (이탈리아의 도시)
3 Florida ['flɒrɪdə] 플로리다 (미국의 지역)
7 **flow** [floʊ] 흐르다
flowed 흘렀다 flowing 흐르는 overflow 넘치다
5 **flower** ['flaʊər] 꽃
flowering 꽃피는
4 fluctuate ['flʌktʃueɪt] 변동하다
fluctuating 변동하는
6 **flying** ['flaɪɪŋ] 날아가는
34 **focus** ['foʊkəs] 집중하다
focused 집중된 focusing 집중하는
focus on ~에 집중하다
1 foggy ['fɒgi] 안개 낀
21 **follow** ['fɒloʊ] 따르다 1단원
followed 따른 following 다음의
1 fond [fɒnd] 좋아하는
45 **food** [fuːd] 음식
4 foot [fʊt] 발
3 football ['fʊtbɔːl] 축구
544 **for** [fɔːr] ~를 위해
for example 예를 들어
for instance 예를 들어
2 *forager ['fɔːrədʒər] 식량 조달자, 약탈자
4 forbid [fər'bɪd] 금지하다 10,11단원
17 **force** [fɔːrs] 힘, 강요하다 11단원
forced 강제된 workforce 노동력
1 Ford [fɔːrd] 포드 (자동차 회사)
1 foregrounded ['fɔːrgraʊndɪd] 전경에 둔
2 foreign ['fɒrən] 외국의 3단원
foreigner 외국인
1 foreseeable [fɔːr'siːəbl] 예견할 수 있는
18 **forest** ['fɔːrɪst] 숲
forested 숲이 우거진 rainforest 열대우림
2 foretell [fɔːr'tel] 예언하다
2 forever [fər'evər] 영원히
11 **forget** [fər'get] 잊다
forgetting 잊는 forgot 잊었다 forgotten 잊혀진
35 **form** [fɔːrm] 형태
formed 형성된 forming 형성하는
4 format ['fɔːrmæt] 형식
5 **formation** [fɔːr'meɪʃn] 형성
7 **former** ['fɔːrmər] 이전의 6단원
1 formidable ['fɔːrmɪdəbl] 강력한
2 formula ['fɔːrmjələ] 공식
1 formulation [ˌfɔːrmjə'leɪʃn] 공식화
4 forth [fɔːrθ] 앞으로
1 forthwith [fɔːrθ'wɪθ] 즉시
3 fortunately ['fɔːrtʃənətli] 다행히
fortune 재산
1 forty ['fɔːrti] 40의
1 forum ['fɔːrəm] 포럼
8 **forward** ['fɔːrwərd] 앞으로 4단원
straightforward 솔직한
8 **fossil** ['fɒsl] 화석
1 fought [fɔːt] 싸웠다
26 **found** [faʊnd] 발견했다
6 **foundation** [faʊn'deɪʃn] 재단
2 *foundry ['faʊndri] 주조 공장
1 fountain ['faʊntən] 분수
13 **four** [fɔːr] 넷인
fourth 네 번째
2 *fovea ['foʊviə] 중심와 (망막의 중심부)
1 fraction ['frækʃn] 분수
3 *fractionate ['frækʃəneɪt] 분별하다, 분류하다
1 fragility [frə'dʒɪləti] 연약함
4 *fragment ['frægmənt] 조각, 단편
fragmentation 파편화 fragmented 파편화된
4 frame [freɪm] 틀
framed 틀에 넣었다
2 framework ['freɪmwɜːrk] 체계
3 France [fræns] 프랑스
2 frank [fræŋk] 솔직한
35 **free** [friː] 자유로운
freed 해방된 freedom 자유
1 freestyle ['friːstaɪl] 자유형
1 freewheeling [ˌfriː'wiːlɪŋ] 자유분방한
2 freewriting ['friːraɪtɪŋ] 자유 글쓰기
1 freeze [friːz] 얼다
1 Freiburg ['fraɪbɜːrg] 프라이부르크 (독일의 도시)
3 Fremont ['friːmɒnt] 프리몬트 (도시명)
4 French [frentʃ] 프랑스의
16 **frequently** ['friːkwəntli] 자주
frequency 빈도
2 fresh [freʃ] 신선한
2 freshman ['freʃmən] 신입생
1 freshwater ['freʃwɔːtər] 담수의
3 Friday ['fraɪdeɪ] 금요일
41 **friend** [frend] 친구
friendly 친근한 friendship 우정

5 **frightened** ['fraɪtnd] 두려워하는
fright 공포
2 *frivolity [frɪ'vɑ:ləti] 경박함, 하찮은 것
1 frog [frɒg] 개구리
229 **from** [frʌm] ~로부터
10 **front** [frʌnt] 앞
1 frontiersman [frʌn'tɪərzmən] 개척자
3 fruit [fru:t] 과일
fruitful 결실 있는
7 **frustrate** ['frʌstreɪt] 좌절시키다 5,7단원
frustrated 좌절한 frustrating 좌절시키는
frustration 좌절
3 fry [fraɪ] 튀기다
frying 튀기는
1 fsharp [,ef'ʃɑ:rp] (음악의) 파 샵
8 **fuel** ['fju:əl] 연료
1 fulfillment [fʊl'fɪlmənt] 이행
14 **full** [fʊl] 가득 찬
fully 완전히
5 **fun** [fʌn] 재미있는
22 **function** ['fʌŋkʃn] 기능
functional 기능적인 functionality 기능성
functionally 기능적으로 functioned 기능했다
functioning 기능하는
2 fund [fʌnd] 기금
nonrefundable 환불 불가능한
11 **fundamental** [,fʌndə'mentl] 근본적인
fundamentally 근본적으로
7 **funny** ['fʌni] 재미있는
2 furious ['fjʊriəs] 격노한
13 **further** ['fɜ:rðər] 더 나아가
5 **furthermore** [,fɜ:rðər'mɔ:r] 게다가
1 fury ['fjʊri] 분노
5 **fuse** [fju:z] 융합하다
fusion 융합
30 **future** ['fju:tʃər] 미래
futuristic 미래지향적인
15 **gain** [geɪn] 얻다
gained 얻었다
1 galaxy ['gæləksi] 은하계
1 gallery ['gæləri] 화랑
13 **game** [geɪm] 게임
4 gap [gæp] 간격
2 garbage ['gɑ:rbɪdʒ] 쓰레기
5 **garden** ['gɑ:rdn] 정원
gardener 정원사
6 **gas** [gæs] 가스
7 **gather** ['gæðər] 모으다
gathered 모았다 gatherer 채집자
8 **gave** [geɪv] 주었다
3 gaze [geɪz] 응시하다
1 GDP [,dʒi:di:'pi:] 국내총생산

2 gear [gɪr] 기어 11단원
geared 구성된
1 gender ['dʒendər] 성별
20 **gene** [dʒi:n] 유전자 13단원
genetic 유전적인 genetically 유전적으로
1 geneculture [dʒi:n'kʌltʃər] 유전-문화
21 **general** ['dʒenrəl] 일반적인 2단원
generally 일반적으로
5 **generalization** [,dʒenrələ'zeɪʃn] 일반화
6 **generate** ['dʒenəreɪt] 생성하다
generated 생성했다
15 **generation** [,dʒenə'reɪʃn] 세대
6 **genetic** [dʒə'netɪk] 유전적인 17단원
genetically 유전적으로
2 genius ['dʒi:niəs] 천재
1 genre ['ʒɑ:nrə] 장르
2 gently ['dʒentli] 부드럽게
gentler 더 부드러운
2 geography [dʒi'ɒgrəfi] 지리 11단원
7 **Germany** ['dʒɜ:rməni] 독일
German 독일의
2 *germinate ['dʒɜ:rmɪneɪt] 발아하다, 싹트다
4 gesture ['dʒestʃər] 제스처
gesturing 몸짓하는
56 **get** [get] 얻다 5,13단원
getting 얻는
get away with ~을 모면하다
get rid of 제거하다
get through 통과하다
2 giant ['dʒaɪənt] 거인
2 gift [gɪft] 선물
2 *gigantic [dʒaɪ'gæntɪk] 거대한
3 girl [gɜ:rl] 소녀
53 **give** [gɪv] 주다
given 주어진 giver 주는 사람 giving 주는
give off 발산하다 give up 포기하다
1 gladly ['glædli] 기꺼이
1 glamorous ['glæmərəs] 매력적인
3 glance [glæns] 힐끗 보다
glancing 흘끗 보는
1 glass [glæs] 유리
1 gleaming ['gli:mɪŋ] 빛나는
1 glide [glaɪd] 미끄러지다
14 **global** ['gloʊbl] 전 세계적인 1단원
globally 전 세계적으로
1 globe [gloʊb] 지구
1 glorify ['glɔ:rɪfaɪ] 찬양하다
1 glorious ['glɔ:riəs] 영광스러운
1 glow [gloʊ] 빛나다
1 glue [glu:] 접착제
44 **go** [goʊ] 가다
going 가는
go beyond ~을 넘어서다

go on 계속하다
go through 겪다
goer 가는 사람
gone 사라진
14 **goal** [goul] 목표
2 *gobble ['gɑ:bl] 게걸스럽게 먹다
gobbled 게걸스럽게 먹은
2 god [gɒd] 신
1 goddess ['gɒdəs] 여신
1 goggle ['gɒgl] 고글
4 gold [gould] 금
golden 황금빛의
3 goldbeach [gouldbi:tʃ] 골드비치 (지명)
3 gone [gɒn] 사라진
43 **good** [gʊd] 좋은
7 **goods** [gʊdz] 상품
1 goody ['gʊdi] 맛있는 것
1 gossip ['gɒsɪp] 소문 16단원
12 **got** [gɒt] 얻었다
gotten 얻은
1 gourmet ['gʊrmeɪ] 미식가
9 **government** ['gʌvərnmənt] 정부 3단원
governing 통치하는 governance 통치
governmental 정부의
1 GPS [ˌdʒi:pi:'es] 위성 위치 확인 시스템
1 grab [græb] 잡다 5,15단원
2 grade [greɪd] 등급
4 gradually ['grædʒuəli] 점진적으로
3 graduating ['grædʒueɪtɪŋ] 졸업하는
graduation 졸업
1 grain [greɪn] 곡물
1 grained [greɪnd] 결이 있는
2 grammy ['græmi] 그래미상
1 grandest ['grændɪst] 가장 웅장한
17 **grandmother** ['grænmʌðər] 할머니
grandma 할머니
1 grandparents ['grænperənts] 조부모
5 **grant** [grænt] 허가하다
granted 허가된
13 **graph** [græf] 그래프
1 graphics ['græfɪks] 화면의 그림
3 grasp [græsp] 잡다 17단원
3 grass [græs] 잔디
3 grateful ['greɪtfl] 감사하는 10단원
gratefully 감사하게
1 grave [greɪv] 무덤
1 gravel ['grævl] 자갈
4 gravity ['grævəti] 중력
4 gray [greɪ] 회색의
4 graze [greɪz] 스치다
grazing 방목 overgrazing 과도한 방목

61 **great** [greɪt] 훌륭한
greater 더 큰 greatest 가장 큰 greatly 크게
greatness 위대함
3 greed [gri:d] 탐욕
greedily 탐욕스럽게
4 Greek [gri:k] 그리스의
18 **green** [gri:n] 녹색의
2 greenhouse ['gri:nhaus] 온실
8 **greet** [gri:t] 인사하다
greeted 인사했다 greeting 인사
4 grew [gru:] 자랐다
1 grid [grɪd] 격자
3 grief [gri:f] 비통
1 grip [grɪp] 잡다 15단원
1 grocery ['grousəri] 식료품점
1 gross [grous] 총계의
4 ground [graund] 땅
67 **group** [gru:p] 그룹
grouping 그룹화
2 *grove [grouv] 작은 숲
28 **grow** [grou] 자라다
grew 자랐다 growing 성장하는 grown 자란
growth 성장 grow up 성장하다
6 **guarantee** [ˌgærən'ti:] 보증하다 4단원
guaranteed 보장된
2 guard [gɑ:rd] 경비원
3 guardian ['gɑ:rdiən] 보호자
2 guess [ges] 추측하다
guessed 추측했다
1 guest [gest] 손님
6 **guided** ['gaɪdɪd] 안내된
guidance 안내 guiding 안내하는
4 guideline ['gaɪdlaɪn] 지침 14단원
10 **guilt** [gɪlt] 죄책감 14단원
guilty 죄책감 느끼는
4 guitar [gɪ'tɑ:r] 기타
guitarist 기타리스트
1 gulf [gʌlf] 만
1 gun [gʌn] 총
1 gut [gʌt] 내장 12단원
1 guy [gaɪ] 남자
2 gym [dʒɪm] 체육관 2단원
1 gymnastics [dʒɪm'næstɪks] 체조
6 **habit** ['hæbɪt] 습관
habitual 습관적인
8 **habitat** ['hæbɪtæt] 서식지
121 **had** [hæd] 가졌다
2 hair [her] 머리카락
1 hairdo ['herdu:] 헤어스타일
7 **half** [hæf] 반
5 **hall** [hɔ:l] 홀

2 *hallmark ['hɔːlmɑːrk] 특징, 표지
2 hallway ['hɔːlweɪ] 복도
1 halves [hævz] 반쪽들
2 hamlet ['hæmlɪt] 작은 마을
38 **hand** [hænd] 손
handed 건네준 handful 한 줌 handle 다루다
2 handsome ['hænsəm] 잘생긴
3 handwritten [ˌhænd'rɪtn] 손으로 쓴
3 hang [hæŋ] 걸다
hanging 매달린
21 **happen** ['hæpən] 일어나다
happened 일어났다 happening 일어나는
1 happenstance ['hæpənstæns] 우연한 사건
10 **happy** ['hæpi] 행복한
happier 더 행복한 happiness 행복
1 harbored ['hɑːrbərd] 품은
18 **hard** [hɑːrd] 단단한
harder 더 어려운
1 hardcover ['hɑːrdkʌvər] 양장본
4 hardly ['hɑːrdli] 거의 ~않다
2 hardship ['hɑːrdʃɪp] 고난
1 hardware ['hɑːrdwer] 하드웨어
1 hardwired [ˌhɑːrd'waɪərd] 선천적인
7 **harm** [hɑːrm] 해
harmful 해로운 harming 해치는
7 **harmony** ['hɑːrməni] 조화
harmonized 조화를 이룬
3 harsh [hɑːrʃ] 가혹한
2 Harvard ['hɑːrvərd] 하버드 대학교
128 **has** [hæz] 가지고 있다
1 hat [hæt] 모자
1 hatred ['heɪtrɪd] 증오
2 *haul [hɔːl] 운반하다, 끌어당기다
hauled 끌어당긴
260 **have** [hæv] 가지다
having 가지고 있는 I've 나는 ~했다
4 hazard ['hæzərd] 위험
169 **he** [hiː] 그
10 **head** [hed] 머리, 향하다 4단원
headed 향하는 heading 제목
1 headphone ['hedfəʊn] 헤드폰
1 heal [hiːl] 치유하다
9 **health** [helθ] 건강
healthy 건강한
23 **hear** [hɪr] 듣다
heard 들었다 hearer 듣는 사람 hearing 듣기
9 **heart** [hɑːrt] 심장
heartbroken 상심한
2 heat [hiːt] 열
10 **heavy** ['hevi] 무거운
heavily 심하게

1 hectare ['hekter] 헥타르
3 *hedonic [hiː'dɑːnɪk] 쾌락주의의
2 height [haɪt] 높이 3단원
1 heighten ['haɪtn] 높이다
2 *heir [er] 상속인, 후계자
heirs 상속인
1 hello [hə'loʊ] 안녕하세요
4 helmet ['helmɪt] 헬멧
49 **help** [help] 도움
helped 도왔다 helping 돕는 helpless 무력한
1 hemisphere ['hemɪsfɪr] 반구
5 **hence** [hens] 그러므로
111 **her** [hɜːr] 그녀의
1 herd [hɜːrd] 무리
14 **here** [hɪr] 여기
1 hereafter [ˌhɪr'æftər] 이후에
6 ***heritage** ['herɪtɪdʒ] 유산
1 hero ['hɪroʊ] 영웅
7 **herself** [hər'self] 그녀 자신
1 hesitate ['hezɪteɪt] 주저하다
1 hey [heɪ] 이봐
5 **hidden** ['hɪdn] 숨겨진 3단원
2 hide [haɪd] 숨기다
1 hierarchical [ˌhaɪə'rɑːrkɪkl] 계층적인
1 Higgs [hɪgz] 힉스 입자 (과학 용어)
73 **high** [haɪ] 높은 16단원
higher 더 높은 highest 가장 높은
post-high 고등학교 이후의
12 **highly** ['haɪli] 매우
5 **hike** [haɪk] 하이킹 4단원
hiker 등산객
5 **hill** [hɪl] 언덕 16단원
56 **him** [hɪm] 그를
himself 그 자신
3 hint [hɪnt] 힌트
1 hip [hɪp] 엉덩이
1 hire ['haɪər] 고용하다
151 **his** [hɪz] 그의
46 **history** ['hɪstri] 역사
historian 역사가 historic 역사적인
historical 역사의 historically 역사적으로
prehistoric 선사 시대의
14 **hit** [hɪt] 치다 17단원
hitting 치는
3 hive [haɪv] 벌집
23 **hold** [hoʊld] 잡다, 개최하다
holding 들고 있는 held 개최된
2 hole [hoʊl] 구멍
3 holiday ['hɒlədeɪ] 휴일
1 Holland ['hɒlənd] 네덜란드 (국가)

1 hollow ['hɒloʊ] 속이 빈
20 **home** [hoʊm] 집
2 homeostasis [ˌhoʊmioʊ'steɪsɪs] 항상성 7단원
1 homeroom ['hoʊmruːm] 홈룸
1 homo ['hoʊmoʊ] 인류의, 동일한
2 *homogeneous [ˌhoʊmə'dʒiːniəs] 동종의
1 honesty ['ɒnəsti] 정직
3 honey ['hʌni] 꿀
2 honeybee ['hʌnibiː] 꿀벌
1 Hong Kong [hɒŋ kɒŋ] 홍콩 (도시 이름)
3 honor ['ɒnər] 명예 6단원
honored 영광스러운 honoring 기리는
1 hook [hʊk] 갈고리
1 hop [hɒp] 깡충 뛰다
12 **hope** [hoʊp] 희망
hoped 희망했다 hopeful 희망에 찬
1 horizon [hə'raɪzn] 지평선
1 horn [hɔːrn] 뿔
1 horrified ['hɒrɪfaɪd] 공포에 질린
2 *horticultural [ˌhɔːrtɪ'kʌltʃərəl] 원예의
2 horse [hɔːrs] 말
3 hospital ['hɒspɪtl] 병원
11 **host** [hoʊst] 주최자 15단원
hosted 주최한 hosting 주최하는
3 hot [hɒt] 뜨거운
34 **hour** ['aʊər] 시간
subhourly 시간 이하의
12 **house** [haʊs] 집
housed 수용된 housing 주택
4 household ['haʊshoʊld] 가정 9단원
98 **how** [haʊ] 어떻게 7,16단원
somehow 어떻게든
73 **however** [haʊ'evər] 그러나
3 *hue [hjuː] 색조, 색상
3 hug [hʌg] 포옹
4 huge [hjuːdʒ] 거대한
1 huh [hʌ] 응?
95 **human** ['hjuːmən] 인간 2,12단원
humanity 인류 humankind 인류
nonhuman 비인간적인
1 humancentric [ˌhjuːmən'sentrɪk] 인간 중심적인
2 humid ['hjuːmɪd] 습한
humidity 습도
2 humiliated [hjuː'mɪlieɪtɪd] 굴욕을 당한
humiliation 굴욕
1 humility [hjuː'mɪləti] 겸손
10 **humor** ['hjuːmər] 유머
humorous 유머러스한 humour 유머
nonhumorous 유머가 없는
5 **hundred** ['hʌndrəd] 백
11 **hunter** ['hʌntər] 사냥꾼
hunting 사냥
2 hurried ['hɜːrid] 서둘러서
4 hurt [hɜːrt] 다치다
2 husband ['hʌzbənd] 남편
3 hybrid ['haɪbrɪd] 혼종의
2 hydro ['haɪdroʊ] 수력의
2 Hyneman ['haɪnəmən] 하이네만 (이름)
3 *hype [haɪp] 과대 선전, 과장된 광고
overhype 과대 선전
1 hypertext ['haɪpərtekst] 링크가 걸린 글자
5 **hypothesis** [haɪ'pɒθəsɪs] 가설
220 **I** [aɪ] 내가
I'll 내가 ~할 것이다 I'm 내가 ~이다 I've 내가 ~했다
3 Ialysus [aɪə'laɪsəs] 이알리소스 (고대 도시)
2 ice [aɪs] 얼음
1 icing ['aɪsɪŋ] 설탕 껍질
1 iconic [aɪ'kɒnɪk] 상징적인
1 ictional ['ɪkʃənl] 가상의
1 ID [ɪd] 아이디, 신분 확인
4 I'd [aɪd] 나는 ~할 것 같다
32 **idea** [aɪ'diːəz] 아이디어
5 **ideal** [aɪ'diːəl] 이상적인
idealism 이상주의 ideally 이상적으로
2 identical [aɪ'dentɪkl] 동일한
identically 동일하게
3 identification [aɪˌdentɪfɪ'keɪʃn] 신분증명
18 **identify** [aɪ'dentɪfaɪ] 식별하다 17단원
identifying 식별하는 identified 식별된
identifiable 식별 가능한
4 identity [aɪ'dentəti] 정체성 12단원
3 ideology [ˌaɪdi'ɒlədʒi] 이념
ideological 이념적인
2 idiom ['ɪdiəm] 관용구
1 idling ['aɪdlɪŋ] 공회전하는
1 i.e. [ˌaɪ'iː] 즉
105 **if** [ɪf] 만약
4 ignorance ['ɪgnərəns] 무지
8 **ignore** [ɪg'nɔːr] 무시하다
ignored 무시했다, 무시된
5 **ii** ['aɪaɪ] 2세
9 **ill** [ɪl] 아픈
illness 질병
1 illegal [ɪ'liːgl] 불법의
9 **illusion** [ɪ'luːʒn] 환상
illusionist 마술사
6 **illustrated** ['ɪləstreɪtɪd] 삽화가 있는
illustrate 설명하다 illustrating 설명하는
illustration 삽화 illustrative 설명적인
25 **image** ['ɪmɪdʒ] 이미지
imagery 심상 imaginative 상상력이 풍부한
14 **imagine** [ɪ'mædʒɪn] 상상하다

imagination 상상력 imagined 상상된
1 imbalance [ɪm'bæləns] 불균형
7 **imitate** ['ɪmɪteɪt] 모방하다 12,13단원
imitating 모방하는
1 immature [ˌɪmə'tʃʊr] 미성숙한
1 immeasurable [ɪ'meʒərəbl] 엄청난
14 **immediate** [ɪ'mi:diət] 즉각적인 16단원
immediately 즉시
2 immigrant ['ɪmɪgrənt] 이민자
4 immoral [ɪ'mɔ:rəl] 부도덕한
immortality 불멸
18 **impact** ['ɪmpækt] 영향 12,13단원
1 impartially [ɪm'pɑ:rʃəli] 공정하게
1 imperfectly [ɪm'pɜ:rfɪktli] 불완전하게
1 imperium [ɪm'pɪriəm] 제국
1 implemented ['ɪmplɪmentɪd] 시행된
2 implication [ˌɪmplɪ'keɪʃn] 함의
2 imply [ɪm'plaɪ] 암시하다
implied 암시된
43 **important** [ɪm'pɔ:rtnt] 중요한
importance 중요성 importantly 중요하게
8 **impossible** [ɪm'pɒsəbl] 불가능한
1 impoverished [ɪm'pɒvərɪʃt] 빈곤한
5 **impractical** [ɪm'præktɪkl] 비현실적인
2 imprecise [ˌɪmprɪ'saɪs] 부정확한
imprecisely 부정확하게
5 **impression** [ɪm'preʃn] 인상
impressed 감명받은 impressionist 인상주의자
impressive 인상적인
2 *imprint [ɪm'prɪnt] 각인하다, 인쇄하다
imprinting 각인
2 *impromptu [ɪm'prɑ:mptu:] 즉흥적인
1 improper [ɪm'prɒpər] 부적절한
16 **improve** [ɪm'pru:v] 개선하다 1단원
improved 개선된 improvement 개선
improving 개선하는
7 ***improvise** ['ɪmprəvaɪz] 즉흥적으로 하다
improvisatory 즉흥적인 improvised 즉흥적으로 한
improviser 즉흥 연주자
1 impulse ['ɪmpʌls] 충동
1113 **in** [ɪn] ~안에
within 내에 in addition to ~에 더하여
in common 공통으로 in contrast 대조적으로
in fact 사실상 in order to ~하기 위해서
in other words 다시 말해서
in spite of ~에도 불구하고
in terms of ~의 관점에서
in the case of ~의 경우에 in the end 결국
3 inaccurate [ɪn'ækjərət] 부정확한
2 inadequate [ɪn'ædɪkwət] 부적절한
inadequately 부적절하게
2 inappropriate [ˌɪnə'proʊpriət] 부적절한
inappropriately 부적절하게
1 inborn ['ɪnbɔ:rn] 타고난 11단원
3 incapable [ɪn'keɪpəbl] 능력이 없는
incapacity 무능력
3 incentive [ɪn'sentɪv] 동기
2 inch [ɪntʃ] 인치
6 **incident** ['ɪnsɪdənt] 사건
incidental 부수적인
2 *incinerator [ɪn'sɪnəreɪtər] 소각로
2 inclined [ɪn'klaɪnd] 기울어진
inclination 경향
38 **include** [ɪn'klu:d] 포함하다
included 포함된 including 포함하여
2 income ['ɪnkʌm] 소득
1 inconceivable [ˌɪnkən'si:vəbl] 상상할 수 없는
3 incorporate [ɪn'kɔ:rpəreɪt] 통합하다
incorporated 통합된
2 incorrect [ˌɪnkə'rekt] 부정확한
incorrectness 부정확성
47 **increase** [ɪn'kri:s] 증가하다
increased 증가된 increasing 증가하는
increasingly 점점 더 *increment 증가, 증가량
5 **incredible** [ɪn'kredəbl] 믿을 수 없는 13단원
incredibly 믿을 수 없을 정도로
12 **indeed** [ɪn'di:d] 정말로
3 independent [ˌɪndɪ'pendənt] 독립적인
independently 독립적으로
4 India ['ɪndiə] 인도
8 **indicate** ['ɪndɪkeɪt] 나타내다
indicating 나타내는 indicator 지표
8 **indifferent** [ɪn'dɪfrənt] 무관심한 5단원
2 *indigenous [ɪn'dɪdʒənəs] 토착의, 고유의
nonindigenous 비토착의
1 indirect [ˌɪndə'rekt] 간접적인
58 **individual** [ˌɪndə'vɪdʒuəl] 개인 7,9,14,15단원
individuality 개성 individualized 개별화된
1 Indonesia [ˌɪndə'ni:ʒə] 인도네시아
2 indoor ['ɪndɔ:r] 실내의
2 induce [ɪn'du:s] 유도하다 13단원
1 indulge [ɪn'dʌldʒ] 탐닉하다
13 **industry** ['ɪndəstri] 산업
industrial 산업의 industrialization 산업화
preindustrial 산업화 이전의
1 inefficient [ˌɪnɪ'fɪʃnt] 비효율적인 9단원
1 inement ['aɪnmənt] 정제
2 inequality [ˌɪnɪ'kwɒləti] 불평등
3 *inert [ɪ'nɜ:rt] 비활성의, 무기력한
1 inescapable [ˌɪnɪ'skeɪpəbl] 피할 수 없는
5 **inevitable** [ɪn'evɪtəbl] 불가피한
inevitably 필연적으로
1 inexcusable [ˌɪnɪk'skju:zəbl] 용서할 수 없는
1 inexpensively [ˌɪnɪk'spensɪvli] 저렴하게
4 infant ['ɪnfənt] 유아
3 infected [ɪn'fektɪd] 감염된

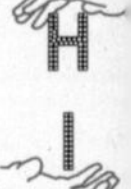

infectious 전염성의
5 **infer** [ɪn'fɜːr] 추론하다
inference 추론
4 inferior [ɪn'fɪriər] 열등한
4 infinite ['ɪnfənət] 무한한
infinity 무한
1 inflame [ɪn'fleɪm] 자극하다
1 inflated [ɪn'fleɪtɪd] 부풀린
1 inflow ['ɪnfloʊ] 유입
26 **influence** ['ɪnfluəns] 영향 2단원
influenced 영향을 받은 influential 영향력 있는
1 informal [ɪn'fɔːrml] 비공식적인
84 **information** [,ɪnfər'meɪʃn] 정보
informant 정보 제공자 informational 정보의
informed 정보를 제공받은 informing 알리는
2 *infrared [,ɪnfrə'red] 적외선의
1 infrastructure ['ɪnfrəstrʌktʃər] 기반 시설
3 *infringe [ɪn'frɪndʒ] 침해하다, 위반하다
infringement 침해
2 *ingenuity [,ɪndʒə'nuːəti] 창의성, 독창성
4 ingredient [ɪn'griːdiənt] 재료
2 inhabited [ɪn'hæbɪtɪd] 거주하는
inhabiting 거주하는
6 **inherent** [ɪn'hɪrənt] 고유의
inherently 본질적으로
1 inherit [ɪn'herɪt] 상속하다
1 inhibit [ɪn'hɪbɪt] 억제하다
8 **initially** [ɪ'nɪʃəli] 처음에
initial 초기의 initiated 시작된
1 initiative [ɪ'nɪʃətɪv] 주도권
3 injury ['ɪndʒəri] 부상
1 inland ['ɪnlənd] 내륙의
5 ***innate** [ɪ'neɪt] 타고난
8 **inner** ['ɪnər] 내부의
19 **innovation** [,ɪnə'veɪʃn] 혁신
innovate 혁신하다 innovative 혁신적인
innovator 혁신가
1 inoffensive [,ɪnə'fensɪv] 무해한
3 inorganic [,ɪnɔːr'gænɪk] 무기물의
5 **input** ['ɪnpʊt] 입력
2 inquiry [ɪn'kwaɪəri] 조사
3 insect ['ɪnsekt] 곤충
1 insensitivity [ɪn,sensə'tɪvəti] 무감각
1 insert [ɪn'sɜːrt] 삽입하다
5 **inside** [,ɪn'saɪd] 안쪽
1 insider [ɪn'saɪdər] 내부자
10 **insight** ['ɪnsaɪt] 통찰력 13,17단원
insightful 통찰력 있는
1 inspection [ɪn'spekʃn] 검사
4 inspiration [,ɪnspə'reɪʃn] 영감
7 **inspire** [ɪn'spaɪər] 영감을 주다 7단원
inspired 영감을 받은 inspiring 영감을 주는
1 instability [,ɪnstə'bɪləti] 불안정
2 installed [ɪn'stɔːld] 설치된
installing 설치하는
27 **instance** ['ɪnstəns] 사례
instant 즉각적인 instantly 즉시
1 instantaneously [,ɪnstən'teɪniəsli] 즉각적으로
12 **instead** [ɪn'sted] 대신에
3 instinct ['ɪnstɪŋkt] 본능
7 **institute** ['ɪnstɪtjuːt] 기관
institutional 제도적인 institution 기관
1 institutionalized [,ɪnstɪ'tuːʃənəlaɪzd] 제도화된
13 **instruction** [ɪn'strʌkʃn] 지시 13단원
instructed 지시된 instructional 교육적인
instructor 강사
1 instrument ['ɪnstrəmənt] 악기
2 insufficient [,ɪnsə'fɪʃnt] 불충분한 3단원
insufficiently 불충분하게
1 insult [ɪn'sʌlt] 모욕
1 insurmountable [,ɪnsər'maʊntəbl]
극복할 수 없는
3 intake ['ɪnteɪk] 섭취
2 integral ['ɪntɪgrəl] 필수적인
9 **integrated** ['ɪntɪgreɪtɪd] 통합된
integration 통합
1 integrity [ɪn'tegrəti] 정직
9 **intellectual** [,ɪntə'lektʃuəl] 지적인
intellect 지성 intellectually 지적으로
nonintellectual 비지적인
5 **intelligence** [ɪn'telɪdʒəns] 지능
1 intelligible [ɪn'telɪdʒəbl] 이해할 수 있는
3 intended [ɪn'tendɪd] 의도된
7 **intense** [ɪn'tens] 강렬한
intensely 강렬하게
6 **intensity** [ɪn'tensəti] 강도
intensify 강화하다 intensive 집중적인
13 **intention** [ɪn'tenʃn] 의도
intent 의도 intentional 의도적인 intentionally
의도적으로 intentioned 의도된
19 **interaction** [,ɪntər'ækʃn] 상호작용 9,17단원
interact 상호작용하다 interacting 상호작용하는
interactive 대화형의 interactivity 상호작용성
20 **interest** ['ɪntrəst] 관심
interested 관심 있는 interesting 흥미로운
interestingly 흥미롭게
1 interface ['ɪntərfeɪs] 상호접촉면
4 interfere [,ɪntər'fɪr] 간섭하다
interfered 간섭했다 interfering 간섭하는
9 **internal** [ɪn'tɜːrnl] 내부의 7단원
internalized 내면화된 internalizing 내면화하는
11 **international** [,ɪntər'næʃnəl] 국제적인
12 **internet** ['ɪntərnet] 인터넷
preinternet 인터넷 이전의
1 interplay ['ɪntərpleɪ] 상호작용 17단원

26 **interpret** [ɪn'tɜːrprət] 해석하다
interpretation 해석 interpreted 해석된
interpreter 통역사
1 interrelated [ˌɪntərɪ'leɪtɪd] 상호 관련된
2 interrupted [ˌɪntə'rʌptɪd] 중단된 5단원
interrupting 방해하는
1 intersection [ˌɪntər'sekʃn] 교차로 1단원
2 *intertwine [ˌɪntər'twaɪn] 얽히다, 뒤섞이다
intertwined 얽힌
5 **intervene** [ˌɪntər'viːn] 개입하다
intervening 개입하는 intervention 개입
1 interview ['ɪntərvjuː] 면접
1 intimacy ['ɪntəməsi] 친밀함
2 *intimidate [ɪn'tɪmɪdeɪt] 위협하다, 협박하다
intimidated 위협받은
107 **into** ['ɪntuː] ~안으로
1 intonation [ˌɪntə'neɪʃn] 억양
5 **intrigue** [ɪn'triːg] 음모
intrigued 흥미를 느낀 intriguing 흥미로운
3 intrinsic [ɪn'trɪnsɪk] 본질적인
intrinsically 본질적으로
18 **introduce** [ˌɪntrə'djuːs] 소개하다
introduced 소개된 introduction 소개
intruding 침입하는
2 introvert ['ɪntrəvɜːrt] 내향적인 사람
3 intuition [ˌɪntju'ɪʃn] 직관 17단원
2 intuitive [ɪn'tjuːɪtɪv] 직관적인
intuitively 직관적으로
2 invade [ɪn'veɪd] 침략하다
invader 침입자
6 **invariable** [ɪn'veriəbl] 변함없는
invariably 변함없이 invasibility 침입 가능성
3 invasion [ɪn'veɪʒn] 침략
10 **invent** [ɪn'vent] 발명하다
invented 발명했다 inventing 발명하는
invention 발명
4 investigated [ɪn'vestɪgeɪtɪd] 조사된, 조사했다
investigation 조사
17 **investment** [ɪn'vestmənt] 투자
invested 투자했다 investing 투자하는
invest 투자하다
1 invisible [ɪn'vɪzəbl] 보이지 않는
11 **invite** [ɪn'vaɪt] 초대하다
invitation 초대 invited 초대된 inviting 초대하는
2 involuntary [ɪn'vɒləntəri] 비자발적인
involuntarily 비자발적으로
20 **involve** [ɪn'vɒlv] 포함하다
involved 관련된 involvement 관여
involving 포함하는
1 inward ['ɪnwərd] 안쪽으로
1 IOWA ['aɪəwə] 아이오와 (미국의 지역)
2 Iran [ɪ'rɑːn] 이란
1 Ireland ['aɪərlənd] 아일랜드 (국가)
2 iron ['aɪərn] 철

1 irony ['aɪrəni] 역설적임 12단원
1 irrealism [ɪ'riːəlɪzəm] 비현실주의
1 irreconcilable [ɪˌrekən'saɪləbl] 화해할 수 없는
1 irregular [ɪ'regjələr] 불규칙한
1 irresistible [ˌɪrɪ'zɪstəbl] 저항할 수 없는
1 irresponsible [ˌɪrɪ'spɒnsəbl] 무책임한
1 irrigation [ˌɪrɪ'geɪʃn] 관개
1 irritated ['ɪrɪteɪtɪd] 짜증난
760 **is** [ɪz] ~(상태)이다
3 island ['aɪlənd] 섬
6 **isolated** ['aɪsəleɪtɪd] 고립된
isolation 고립
2 *isotope ['aɪsətoʊp] 동위원소
14 **issue** ['ɪʃuː] 문제, 발행물 8단원
issued 발행된
458 it [ɪt] 그것
6 **Italy** ['ɪtəli] 이탈리아
Italian 이탈리아의
12 **item** ['aɪtəm] 항목
97 **its** [ɪts] 그것의
17 **itself** [ɪt'self] 그것 자체
6 **jam** [dʒæm] 잼
1 jamming ['dʒæmɪŋ] 방해
3 January ['dʒænjueri] 1월
7 **Japan** [dʒə'pæn] 일본
Japanese 일본의
4 jazz [dʒæz] 재즈
2 jealous ['dʒeləs] 질투하는
2 jean [dʒiːn] 청바지
15 **job** [dʒɒb] 일
10 **join** [dʒɔɪn] 참여하다
joined 가입했다 joining 가입하는
2 joint [dʒɔɪnt] 관절 8단원
jointly 공동으로
3 joke [dʒoʊk] 농담
1 jot [dʒɒt] 메모하다
19 **journal** ['dʒɜːrnl] 일기
journalism 저널리즘 journalist 기자
journalistic 언론의
9 **journey** ['dʒɜːrni] 여행
8 **joy** [dʒɔɪ] 기쁨
joyful 기쁜 joyfully 기쁘게 joyous 즐거운
1 jpg [ˌdʒeɪpiː'dʒiː] JPG 파일 (컴퓨터의 이미지 형식)
18 **judge** [dʒʌdʒ] 판사
judged 판단했다 judgement 판단
judging 판단하는 judgingly 비판적으로
1 juice [dʒuːs] 주스
2 July [dʒu'laɪ] 7월
5 **jumped** [dʒʌmpt] 뛰어오른
2 *junction ['dʒʌŋkʃn] 교차점, 접합

June

1 June [dʒu:n] 6월
1 Jupiter ['dʒu:pɪtər] 목성
47 **just** [dʒʌst] 단지
6 **justify** ['dʒʌstɪfaɪ] 정당화하다
justified 정당화된 justification 정당화 justice 정의
32 **keep** [ki:p] 유지하다 17단원
keeping 유지하는 kept 유지된
keep in mind 명심하다
keep track of ~을 계속 주시하다
keep up 유지하다 keep up with 따라가다
8 **key** [ki:] 열쇠
2 keyboard ['ki:bɔ:rd] 키보드
1 kg [ˌkeɪ'dʒi:] 킬로그램
2 kick [kɪk] 차다
6 **kid** [kɪd] 아이
2 killed [kɪld] 죽인
1 killing ['kɪlɪŋ] 죽이는
2 kilometer [kɪ'lɒmɪtər] 킬로미터
3 kin [kɪn] 친족
2 *kinaesthetically [ˌkɪnəs'θetɪkli] 근감각적으로
18 **kind** [kaɪnd] 종류
kindness 친절
2 kindergarten ['kɪndərgɑ:rtn] 유치원
kindergartener 유치원생
7 **king** [kɪŋ] 왕
2 kingdom ['kɪŋdəm] 왕국
1 kinship ['kɪnʃɪp] 친족 관계
1 kiss [kɪs] 입맞춤
5 **kitchen** ['kɪtʃən] 부엌
1 kitcher ['kɪtʃər] 키처 (이름)
1 kite [kaɪt] 연
13 **knew** [nju:] 알았다
9 **knight** [naɪt] 기사 6단원
knighted 기사 작위를 받은
131 **know** [noʊ] 알다 7단원
knowing 아는 knowledge 지식
knowledgeable 박식한 known 알려진
7 **Korea** [kə'ri:ə] 한국
Korean 한국의
4 lab [læb] 연구실, 실험실
laboratory 실험실
4 *label ['leɪbl] 음반사, 명칭
labelled 라벨이 붙은
8 **labor** ['leɪbər] 노동
labour 노동 laborer 노동자
1 laboriously [lə'bɔ:riəsli] 힘들게
14 **lack** [læk] 부족
lacked 부족했다
1 lactose ['læktoʊs] 유당
1 laden ['leɪdn] 가득 찬
1 lady ['leɪdi] 숙녀
1 lag [læg] 지연

1 laid [leɪd] 놓았다
16 **lake** [leɪk] 호수
25 **land** [lænd] 땅
landed 착륙했다 landing 착륙
wasteland 황무지 wetland 습지 badland 악지
eastland 동부 지역 england 영국 flatland 평지
Holland 네덜란드 inland 내륙 Ireland 아일랜드
island 섬
1 landfall ['lændfɔ:l] 상륙
1 landfill ['lændfɪl] 매립지
6 **landscape** ['lændskeɪp] 풍경 4단원
1 lane [leɪn] 차선
3 Langer ['læŋər] 랑거 (이름)
27 **language** ['læŋgwɪdʒ] 언어
1 lap [læp] 무릎
1 laptop ['læptɒp] 노트북
70 **large** [lɑ:rdʒ] 큰
largely 대체로 larger 더 큰 largest 가장 큰
1 larvae ['lɑ:rvi] 유충들
3 laser ['leɪzər] 레이저
26 **last** [læst] 마지막의
lasting 지속적인
1 lastmile [lɑ:stmaɪl] 사형수가 죽기 전 걷는 거리
2 *latch [lætʃ] 걸쇠, 빗장
latched 걸쇠로 잠긴
40 **late** [leɪt] 늦은 6단원
lately 최근에 later 나중에 latest 최신의
1 latitude ['lætɪtju:d] 위도
6 **latter** ['lætər] 후자의 6단원
7 **laugh** [læf] 웃음
laughed 웃었다 laughing 웃는 laughter 웃음
1 laughable ['læfəbl] 우스운
3 launch [lɔ:ntʃ] 출시하다, 발사하다
launched 출시했다
15 **law** [lɔ:] 법률
1 lawmaker ['lɔ:meɪkər] 입법자
1 lawn [lɔ:n] 잔디
5 ***lay** [leɪ] 놓다
3 layer ['leɪər] 층
1 layout ['leɪaʊt] 배치
2 *laypeople ['leɪˌpi:pl] 평신도, 일반인
33 **lead** [li:d] 이끌다
leader 리더 leadership 리더십 leading 선도하는
lead to ~로 이어지다 led 이끌었다
1 league [li:g] 리그
1 leakage ['li:kɪdʒɪ] 누출
1 leaned [li:nd] 기댄
7 **leap** [li:p] 도약
leapt 뛰어올랐다 leapt 뛰어넘었다
64 **learn** [lɜ:rn] 배우다
learned 배웠다 learning 배우는
1 lease [li:s] 임대하다

13 **least** [li:st] 최소의
19 **leave** [li:v] 떠나다
leaving 떠나는
1 lecting ['lektɪŋ] 선택하는
3 lecture ['lektʃər] 강의
12 **led** [led] 이끌었다
2 *leeway ['li:weɪ] 여유, 재량
11 **left** [left] 왼쪽의
1 leg [leg] 다리
3 legal ['li:gl] 법적인
legally 합법적으로
1 legend ['ledʒənd] 전설
4 *legislation [ˌledʒɪ'sleɪʃn] 법률, 입법
2 legitimate [lɪ'dʒɪtɪmət] 합법적인
2 *legume ['legju:m] 콩과 식물
1 Leipzig ['laɪpsɪg] 라이프치히 (도시)
13 **leisure** ['leʒər] 여가 2단원
8 **length** [leŋθ] 길이
lengthening 길어지는
2 lens [lenz] 렌즈
41 **less** [les] 더 적은 4단원
lessen 줄이다
7 **lesson** ['lesn] 수업
16 **let** [let] 허용하다
letting 허용하는
7 **letter** ['letər] 편지
25 **level** ['levl] 수준 9단원
2 *levity ['levəti] 경박함, 가벼움
2 *lexical ['leksɪkl] 어휘의, 사전의
2 liberate ['lɪbəreɪt] 해방하다
liberated 해방된
8 **library** ['laɪbreri] 도서관
2 licence ['laɪsns] 면허
12 **lie** [laɪ] 거짓말하다
lied 거짓말했다 lying 거짓말하는
63 **life** [laɪf] 삶
1 lifeguard ['laɪfgɑ:rd] 인명 구조원
2 lifestyle ['laɪfstaɪl] 생활 방식
3 lifetime ['laɪftaɪm] 평생
1 lifting ['lɪftɪŋ] 들어올리는
14 **light** [laɪt] 빛
lighter 더 가벼운 lighting 조명
spotlight 부분 집중 조명
1 lighthouse ['laɪthaʊs] 등대
1 lightweight ['laɪtweɪt] 경량의
86 **like** [laɪk] 좋아하다
liked 좋아했다 likeness 유사성 likening 비유하는
liking 좋아함
22 **likely** ['laɪkli] 가능성 있는 5단원
likelihood 가능성
1 likeminded [ˌlaɪk'maɪndɪd] 같은 생각을 가진

5 **likewise** ['laɪkwaɪz] 마찬가지로
3 lily ['lɪli] 백합
34 **limit** ['lɪmɪt] 한계 1,3단원
limitation 제한 limited 제한된
1 Linda ['lɪndə] 린다 (이름)
17 **line** [laɪn] 선
shoreline 해안선
1 linger ['lɪŋgər] 지체하다
6 **linguistic** [lɪŋ'gwɪstɪk] 언어학의
linguist 언어학자
2 Linnaeus [lɪ'ni:əs] 린네 (이름)
4 Linx [lɪŋks] 링스 (이름)
3 lion ['laɪən] 사자
1 lip [lɪp] 입술
1 liquid ['lɪkwɪd] 액체
3 list [lɪst] 목록
12 **listen** ['lɪsn] 듣다
listener 청취자 listening 듣는
2 lit [lɪt] 밝혀진
12 **literacy** ['lɪtərəsi] 문해력
literal 문자 그대로의 literally 문자 그대로
literary 문학의 literate 읽고 쓸 줄 아는
literature 문학 nonliterate 문맹의
1 litter ['lɪtər] 쓰레기
21 **little** ['lɪtl] 작은
62 **live** [lɪv] 살다
lived 살았다 living 살아있는
2 livestock ['laɪvstɒk] 가축
1 lizard ['lɪzərd] 도마뱀
1 loach [loʊtʃ] 미꾸라지
1 lobby ['lɒbi] 로비
21 **local** ['loʊkl] 지역의
localized 지역화된
13 **location** [loʊ'keɪʃn] 위치
locate 위치시키다 located 위치한
2 locked [lɒkt] 잠긴
locker 사물함
8 **logical** ['lɒdʒɪkl] 논리적인 14단원
logic 논리 logicalization 논리화
1 logo ['loʊgoʊ] 로고
3 lonely ['loʊnli] 외로운
loneliness 외로움
61 **long** [lɔ:ŋ] 긴
longer 더 긴
63 **look** [lʊk] 보다 4단원
looked 보인 looking 보는 overlooked 간과된
look at 보다, 검토하다 look back 돌아보다
look for 찾다 look forward to ~을 기대하다
look into 조사하다 look up 찾아보다
1 loom [lu:m] 어렴풋이 나타나다
1 loosely ['lu:sli] 느슨하게
16 **lose** [lu:z] 잃다
loser 패자 losing 잃는

15 **loss** [lɔːs] 손실
15 **lost** [lɒst] 잃어버린 10단원
12 **lot** [lɒt] 많은
5 **loud** [laʊd] 시끄러운
louder 더 큰 소리의 loudest 가장 큰 소리의
loudly 크게
17 **love** [lʌv] 사랑
loved 사랑받은
22 **low** [ləʊ] 낮은
lower 더 낮은 lowest 가장 낮은
2 luck [lʌk] 운
luckily 다행히
2 *lucrative ['luːkrətɪv] 수익성 있는
11 **lunch** [lʌntʃ] 점심
2 lunchtime ['lʌntʃtaɪm] 점심시간
1 luxury ['lʌkʃəri] 사치 9단원
1 lyric ['lɪrɪks] 가사
18 **machine** [mə'ʃiːn] 기계
machinery 기계류
2 macroeconomic [ˌmækrəʊˌiːkə'nɒmɪk] 거시경제의
2 mad [mæd] 미친
1 madam ['mædəm] 부인
47 **made** [meɪd] 만들어진
12 **magazine** [ˌmægə'ziːn] 잡지
4 magic ['mædʒɪk] 마법
magical 마법 같은 magically 마법처럼
1 magnetism ['mægnətɪzəm] 자기
1 magnify ['mægnɪfaɪ] 확대하다
1 magnitude ['mægnɪtjuːd] 규모
3 main [meɪn] 주요한
mainly 주로
18 **maintain** [meɪn'teɪn] 유지하다 11단원
maintained 유지된 maintaining 유지하는
maintenance 유지보수
5 ***maize** [meɪz] 옥수수
25 **major** ['meɪdʒər] 주요한 10단원
majority 다수
116 **make** [meɪk] 만들다
maker 제작자 making 만드는
sensemaking 의미 만들기 make it 해내다
toolmaker 도구 제작자 policymaker 정책 입안자
troublemaker 말썽꾼 lawmaker 입법자
webtoon-making 웹툰 제작 make up 구성하다
make use of 활용하다
1 makeup ['meɪkʌp] 화장
5 **male** [meɪl] 남성의
2 *malleable ['mæliəbl] 유연한, 순응하는
17 **man** [mæn] 남자
salesman 판매원
18 **manage** ['mænɪdʒ] 관리하다
managed 관리했다 management 관리
manager 관리자 managing 관리하는

5 ***mandate** ['mændeɪt] 명령
mandated 의무화된
2 mango ['mæŋgəʊ] 망고
4 *mangrove ['mæŋgroʊv] 맹그로브 (나무)
1 manifest ['mænɪfest] 명백한
1 manipulating [mə'nɪpjuleɪtɪŋ] 조작하는
2 mankind [mæn'kaɪnd] 인류
7 **manner** ['mænər] 방식
1 manual ['mænjuəl] 설명서
3 *manure [mə'nʊr] 비료, 거름
4 manufacture [ˌmænju'fæktʃər] 제조하다
manufacturing 제조
93 **many** ['meni] 많은
18 **map** [mæp] 지도
mapped 지도를 그렸다 mapping 지도 제작
1 marathon ['mærəθən] 마라톤
1 marine [mə'riːn] 해양의
3 mark [mɑːrk] 표시
marked 표시된
28 **market** ['mɑːrkɪt] 시장
marketed 판매된 marketing 마케팅
nonmarket 비시장
1 marketplace ['mɑːrkɪtpleɪs] 시장
2 marking ['mɑːrkɪŋ] 표시
2 marriage ['mærɪdʒ] 결혼
1 mashed [mæʃt] 으깬
9 **mass** [mæs] 대량의 8단원
2 massiveness ['mæsɪvnəs] 거대함
4 master ['mæstər] 주인 16단원
mastered 숙달한
6 **match** [mætʃ] 일치하다
matched 일치된 matching 일치하는
18 **material** [mə'tɪəriəl] 물질
materialistic 물질주의적인
13 **math** [mæθ] 수학
mathematical 수학적인
1 matmaking [mæt 'meɪkɪŋ] 매트 제작
15 **matter** ['mætər] 문제
7 **mature** [mə'tʃʊr] 성숙한
maturer 더 성숙한 maturity 성숙
8 **maximize** ['mæksɪmaɪz] 극대화하다
maximum 최대
112 **may** [meɪ] ~일것 같다
3 maybe ['meɪbi] 아마도
1 mayor [meər] 시장
45 **me** [miː] 나를
1 Meade [miːd] 미드 (이름)
7 **meal** [miːl] 식사
67 **mean** [miːn] 의미하다
meaning 의미 meaningful 의미 있는
meaningless 무의미한 meant 의미했다

3 meanwhile ['mi:nwaɪl] 그 동안에
21 measure ['meʒər] 측정하다 7단원
measurable 측정 가능한 measured 측정된
measurement 측정 measuring 측정하는
3 meat [mi:t] 고기
2 mechanical [mə'kænɪkl] 기계의 12단원
12 mechanism ['mekənɪzəm] 기제 12단원
2 medal ['medl] 메달
medalist 메달리스트
37 media ['mi:diə] 미디어
6 mediation [,mi:di'eɪʃn] 중재
mediator 중재자
3 medical ['medɪkl] 의학의
1 medicine ['medɪsn] 약
5 medium ['mi:diəm] 중간의
12 meet [mi:t] 만나다
meeting 만남
1 megahertz ['megəhɜ:rts] 메가헤르츠
1 meltwater ['meltwɔ:tər] 융해수
38 member ['membər] 회원
nonmember 비회원
5 membership ['membərʃɪp] 회원자격
2 memoir ['memwɑ:r] 회고록
26 memory ['meməri] 기억
memorable 기억에 남는 memorial 기념의
memorizing 암기하는
5 men [men] 남자들
4 mend [mend] 수선하다
mending 수선
5 *metabolic [,metə'bɒlɪk] 신진대사의
metabolism 대사
2 *metacognition [,metəkɑ:g'nɪʃn] 메타인지
13 mental ['mentl] 정신의
mentally 정신적으로
2 mention ['menʃn] 언급하다 15단원
mentioned 언급된
1 merchandise ['mɜ:rtʃəndaɪz] 상품
1 merchant ['mɜ:rtʃənt] 상인
1 mercilessly ['mɜ:rsɪləsli] 무자비하게
6 mercury ['mɜ:rkjuri] 수은 8단원
14 merely ['mɪrli] 단지
mere 단순한
3 merit ['merɪt] 장점
1 mermaid ['mɜ:rmeɪd] 인어
10 message ['mesɪdʒ] 메시지
2 messy ['mesi] 지저분한
messiness 지저분함
1 met [met] 만났다
7 metallic [mə'tælɪk] 금속의
metal 금속
2 *meteorologist [,mi:tiə'rɑ:lədʒɪst] 기상학자
12 method ['meθəd] 방법 15단원

1 metre ['mi:tər] 미터
2 *metric ['metrɪk] 미터법의, 척도
1 metro ['metrəʊ] 지하철
1 mice [maɪs] 쥐들
1 microeconomic [,maɪkrəʊ,i:kə'nɒmɪk]
미시경제의
1 mid1950s [mɪd naɪn'ti:n 'fɪftiz] 1950년대 중반
1 midcareer [,mɪdkə'rɪər] 중년
1 midday [,mɪd'deɪ] 정오
13 middle ['mɪdl] 중간
1 midforties [mɪd'fɔ:rtiz] 40대 중반
29 might [maɪt] ~일지도 모른다 6단원
4 migrate [maɪ'greɪt] 이주하다
migration 이주
2 Milan [mɪ'læn] 밀라노 (이탈리아의 지역) 2단원
8 mile [maɪl] 마일
6 milk [mɪlk] 우유
3 million ['mɪljən] 백만
1 mimic ['mɪmɪk] 모방하다
2 Minamata [,mɪnə'mɑ:tə] 미나마타 (일본 도시)
20 mind [maɪnd] 마음
1 mindlessly ['maɪndləsli] 무심코
1 mindset ['maɪndset] 사고방식
1 mine [maɪn] 내 것
2 minerals ['mɪnərəlz] 광물
6 minimize ['mɪnɪmaɪz] 최소화하다 8단원
minimal 최소한의 minimum 최소
11 minority [maɪ'nɔ:rəti] 소수
minor 사소한
1 minus ['maɪnəs] 빼기
10 minute ['mɪnɪt] 분
6 mirror ['mɪrər] 거울
1 misappreciation [,mɪsə,pri:ʃi'eɪʃn] 오해
1 misbehavior [,mɪsbɪ'heɪvjər] 비행
2 *mischievously ['mɪstʃɪvəsli]
장난스럽게, 못되게
2 misery ['mɪzəri] 비참
miserable 비참한
1 misfortune [mɪs'fɔ:rtʃu:n] 불운
2 misguided [,mɪs'gaɪdɪd] 잘못 인도된
2 misinterpretation [,mɪsɪn,tɜ:rprə'teɪʃn] 오해
5 mislead [mɪs'li:d] 오도하다 3단원
misleading 오해의 소지가 있는
1 misperception [,mɪspər'sepʃn] 오해
1 misprint ['mɪsprɪnt] 오타 12단원
1 misquoted [,mɪs'kwəʊtɪd] 잘못 인용된
7 miss [mɪs] 놓치다
missed 놓쳤다 missing 실종된
1 mission ['mɪʃn] 임무
1 mist [mɪst] 안개

L M

10 **mistake** [mɪ'steɪk] 실수 1단원
mistaken 잘못된
4 misunderstanding [ˌmɪsʌndər'stændɪŋ] 오해
1 misuse [ˌmɪs'juːz] 오용
1 Mithen ['mɪðən] 미튼
2 *mitigation [ˌmɪtɪ'geɪʃn] 완화, 경감
6 **mixed** [mɪkst] 혼합된
mixture 혼합물
6 **mobile** ['məʊbaɪl] 이동식의 6단원
mobility 이동성 mobilize 동원하다
4 mode [məʊd] 방식 17단원
7 **model** ['mɒdl] 모델 7,8단원
1 moderate ['mɒdərət] 중간의
17 **modern** ['mɒdərn] 현대의
3 modify ['mɒdɪfaɪ] 수정하다
modified 수정된 modifying 수정하는
3 *mogul ['moʊgəl] 거물, 유력자
13 **mom** [mɒm] 엄마
mommy 엄마
17 **moment** ['məʊmənt] 순간 1단원
5 **Monday** ['mʌndeɪ] 월요일
8 **money** ['mʌni] 돈
11 **monitor** ['mɒnɪtər] 모니터
monitoring 모니터링 premonitory 예고하는
1 monk [mʌŋk] 수도사
2 monkey ['mʌŋki] 원숭이
17 **month** [mʌnθ] 달
monthly 월간의
6 **monument** ['mɒnjumənt] 기념물
monumental 기념비적인
monumentality 기념비성
1 moon [muːn] 달
31 **moral** ['mɔːrəl] 도덕적인 14단원
morality 도덕성 morally 도덕적으로
221 **more** [mɔːr] 더
9 **moreover** [mɔːr'əʊvər] 게다가
6 **morning** ['mɔːrnɪŋ] 아침
1 mosquito [mə'skiːtəʊ] 모기
92 **most** [məʊst] 가장
mostly 대부분
20 **mother** ['mʌðər] 어머니
2 motion ['məʊʃn] 운동
11 **motivate** ['məʊtɪveɪt] 5,14단원
동기를 부여하다
motivated 동기 부여된 motivation 동기
motivational 동기 부여의 motivator 동기 부여자
motive 동기
5 **motor** ['məʊtər] 모터 11단원
motorness 모터성 motorspace 모터 공간
6 **mountain** ['maʊntən] 산
mountaintop 산꼭대기
14 **mouth** [maʊθ] 입
mouthed 입 모양으로 말했다
26 **move** [muːv] 움직이다
moved 움직였다 movement 움직임
19 **movie** ['muːvi] 영화
moving 감동적인
4 mr ['mɪstər] (남자) ~씨
5 **ms** [mɪz] (여자) ~씨
2 MTV [ˌem tiː 'viː] 음악 방송국 (이름) 17단원
58 **much** [mʌtʃ] 많은
1 mud [mʌd] 진흙
1 multicourse ['mʌltikɔːrs] 다과정
2 multimedia [ˌmʌlti'miːdiə] 멀티미디어
13 **multiple** ['mʌltɪpl] 다수의
4 multitasking [ˌmʌlti'tɑːskɪŋ] 다중 작업
multitask 다중 작업을 하다
2 *mundane [mʌn'deɪn] 평범한, 세속적인
1 municipal [mjuː'nɪsɪpl] 시립의
3 murder ['mɜːrdər] 살인
murdered 살해된
17 **muscle** ['mʌsl] 근육
6 **museum** [mjuː'ziːəm] 박물관
28 **music** ['mjuːzɪk] 음악
musical 음악적인 musician 음악가
35 **must** [mʌst] ~해야 한다
8 **mutation** [mjuː'teɪʃn] 돌연변이
1 mutually ['mjuːtʃuəli] 상호간에 8단원
89 **my** [maɪ] 나의
1 myriad ['mɪriəd] 무수한
3 myself [maɪ'self] 나 자신
6 **mysterious** [mɪ'stɪəriəs] 신비한
5 **myth** [mɪθ] 신화 13단원
mythology 신화
1 naive [naɪ'iːv] 순진한
17 **name** [neɪm] 이름
named 이름 지어진
6 **narrative** ['nærətɪv] 이야기
4 narrow ['nærəʊ] 좁은
narrowing 좁아지는 narrowly 간신히
3 natal ['neɪtl] 출생의
10 **nation** ['neɪʃn] 국가
national 국가의
6 **native** ['neɪtɪv] 원주민의
31 **natural** ['nætʃrəl] 자연의 16단원
naturalist 자연주의자 naturally 자연스럽게
36 **nature** ['neɪtʃər] 자연
3 *naughty ['nɔːti] 장난꾸러기의, 말썽꾸러기의
naughtily 장난스럽게
1 nautical ['nɔːtɪkl] 항해의
4 navigational [ˌnævɪ'geɪʃənl] 항해의
navigate 항해하다
3 Neanderthal [ni'ændərθɔːl] 네안데르탈인

9 **near** [nɪər] 가까운
nearby 근처의 nearly 거의

2 neat [niːt] 깔끔한
neatly 깔끔하게

30 **necessary** ['nesəseri] 필요한 9,10단원
necessarily 필연적으로 necessitate 필요로 하다
necessity 필요성

65 **need** [niːd] 필요 1단원
needed 필요한 needing 필요로 하는

14 **negative** ['negətɪv] 부정적인 12,13단원

1 neglect [nɪ'glekt] 방치하다

11 **negotiation** [nɪ,gəʊʃi'eɪʃn] 협상
negotiated 협상했다 negotiating 협상하는
negotiator 협상가

5 **neighbor** ['neɪbər] 이웃들
neighborhood 이웃

4 neither ['naɪðər] ~도 아니다

3 Nepal [nə'pɔːl] 네팔 (국가)

3 nervous ['nɜːrvəs] 긴장한

2 nest [nest] 둥지

2 Netherlands ['neðərləndz] 네덜란드 (국가)

7 **network** ['netwɜːrk] 네트워크 9단원

2 neural ['njʊərəl] 신경의

1 neuroimaging [,njʊərəʊ'ɪmɪdʒɪŋ] 신경 영상

1 neurological [,njʊərə'lɒdʒɪkl] 신경학의

1 neurons ['njʊərɒnz] 뉴런

1 neuroscience ['njʊərəʊsaɪəns] 신경과학

4 neutral ['njuːtrəl] 중립의
neutrality 중립성

31 **never** ['nevər] 결코 ~않다

4 nevertheless [,nevərðə'les] 그럼에도 불구하고

132 **new** [njuː] 새로운
newly 새롭게

1 newborn ['njuːbɔːrn] 신생아

1 newcomer ['njuːkʌmər] 신참

38 **news** [njuːz] 뉴스
newsletter 뉴스레터 newspaper 신문
newsstand 신문 가판대

4 Newton ['njuːtn] 뉴턴

25 **next** [nekst] 다음의

1 nibble ['nɪbl] 조금씩 먹다

2 nice [naɪs] 좋은
nicely 멋지게

3 *niche [nɪtʃ] 틈새, 적소

12 **night** [naɪt] 밤
overnight 하룻밤 사이에

2 *nimble ['nɪmbl] 재빠른, 민첩한

1 nine [naɪn] 9의

2 nineteenth [,naɪn'tiːnθ] 19번째의
nineteenthcentury 19세기

1 ninety ['naɪnti] 90의

4 *nitrogen ['naɪtrədʒən] 질소
nitrogenous 질소의

76 **no** [nəʊ] 아니오

4 Nobel [nəʊ'bel] 노벨 (이름)

1 nobody ['nəʊbədi] 아무도 ~않다

5 **nod** [nɒd] 끄덕이다
nodded 고개를 끄덕였다 nodding 끄덕이는

8 **noise** [nɔɪz] 소음
noisy 시끄러운

1 nomination [,nɒmɪ'neɪʃn] 지명

2 nonbreeding [nɒn'briːdɪŋ] 비번식의

30 **none** [nʌn] 없음
non 비 nonexistence 비존재
nonexpert 비전문가 nonhuman 비인간
nonhumorous 유머 없는
nonindigenous 비토착 nonintellectual 비지적
nonleguminous 비콩과 nonliterate 문맹의
nonmarket 비시장 nonmember 비회원
nonperishable 비부패성 nonproductive 비생산적
nonrefundable 환불 불가 nonscientific 비과학적
nonsense 무의미 nonsensical 말도 안 되는
nonstandard 비표준 nonstick 들러붙지 않는

2 nonetheless [,nʌnðə'les] 그럼에도 불구하고

7 **nor** [nɔːr] ~도 아니다

14 **norm** [nɔːrm] 규범, 표준
normal 정상적인 normally 보통

8 **north** [nɔːrθ] 북쪽
northern 북쪽의

4 nose [nəʊz] 코

1 nostalgically [nɒ'stældʒɪkli] 향수에 젖어

382 **not** [nɒt] ~아니다

3 notable ['nəʊtəbl] 주목할 만한
notably 특히

20 **note** [nəʊt] 메모
notebook 노트북 noted 주목받은

19 **nothing** ['nʌθɪŋ] 아무것도 ~않다

13 **notice** ['nəʊtɪs] 주목하다 2,16단원
noticed 주목한 noticing 주목하는
notified 통지된

7 **notion** ['nəʊʃn] 개념
notional 관념적인

1 notoriously [nəʊ'tɔːriəsli] 악명 높게

2 Notre Dame ['nəʊtrə deɪm] 노틀담 성당

1 nourishment ['nɜːrɪʃmənt] 영양

15 **novel** ['nɒvl] 소설 9단원
novelization 소설화

10 **November** [nəʊ'vembər] 11월

43 **now** [naʊ] 지금

1 nowhere ['nəʊwer] 어디에도 ~않다

1 nuclear ['njuːkliər] 핵의

70 **number** ['nʌmbər] 숫자
numeral 숫자 numerical 수치의 numerous 많은

5 **nurture** ['nɜːrtʃər] 양육하다 17단원
nurturing 양육하는

1 nut [nʌt] 견과류

3 nutrient ['nju:triənt] 영양소
4 NWP [en 'dʌblju: pi:] 미국 교사 쓰기 프로그램
4 *nymph [nɪmf] 요정, 님프
1 obedient [ə'bi:diənt] 순종적인
33 object ['ɒbdʒekt] 물체
objectionable 불쾌한 objection 반대
objective 객관적인 objectively 객관적으로
objectivity 객관성
1 obliged [ə'blaɪdʒd] 강요된
3 *obscure [əb'skjʊr] 불분명한, 모호한
obscured 가려진
25 observe [əb'zɜ:rv] 관찰하다
observable 관찰 가능한 observance 준수
observation 관찰 observed 관찰된
observing 관찰하는
2 obsessed [əb'sest] 집착하는
obsession 강박
1 obstacle ['ɒbstəkl] 장애물
7 obtain [əb'teɪn] 얻다
obtained 얻은 obtaining 얻는
8 obvious ['ɒbviəs] 명백한
obviously 분명히
4 occasion [ə'keɪʒn] 경우
2 occasional [ə'keɪʒənl] 가끔의
occasionally 가끔
26 occur [ə'kɜ:r] 발생하다 10단원
occurred 발생한 occurrence 발생
occurrent 발생하는 occurring 발생하는
5 ocean ['əʊʃn] 대양
1 octave ['ɒktɪv] 옥타브
2 October [ɒk'təʊbər] 10월
2 *octogenarian [ˌɑ:ktədʒə'neriən] 80대인 사람
4 odd [ɒd] 이상한
oddly 이상하게
2 OECD [ˌəʊ i: si: 'di:] 국제 경제 협력 기구
1880 of [əv] ~의
23 off [ɒf] 떨어져서 7단원
6 offense [ə'fens] 공격, 범죄
offence 범죄 offended 불쾌한 offender 범죄자
offensive 공격적인
21 offer ['ɒfər] 제안하다
offered 제공된 offering 제공하는
8 office ['ɒfɪs] 사무실
1 official [ə'fɪʃl] 공식적인
2 offspring ['ɒfsprɪŋ] 자손
49 often ['ɒfn] 자주
2 oil [ɔɪl] 기름
4 okay [ˌəʊ'keɪ] 좋아
OK 좋아
29 old [əʊld] 늙은
older 더 나이 든
15 Olivia [ə'lɪviə] 올리비아(이름)
2 Olympic [ə'lɪmpɪk] 올림픽의

335 on [ɒn] 위에 3단원
on average 평균적으로 on the contrary 반대로
on the other hand 반면에
23 once [wʌns] 한 번
199 one [wʌn] 하나
oneself 자기 자신
3 ongoing ['ɒngəʊɪŋ] 진행 중인
16 online ['ɒnlaɪn] 온라인의
106 only ['əʊnli] 오직
9 onto ['ɒntə] ~위로
22 open ['əʊpən] 열린
opened 열린 opening 개막
3 opera ['ɒprə] 오페라
8 operate ['ɒpəreɪt] 작동하다
operation 작전
6 opinion [ə'pɪnjən] 의견
2 opponent [ə'pəʊnənt] 상대
15 opportunity [ˌɒpər'tu:nəti] 기회
9 oppose [ə'pəʊz] 반대하다 10,14단원
opposed 반대하는 opposing 반대하는
opposite 반대 oppositional 대립적인
1 optical ['ɒptɪkl] 시각의
4 *optimal ['ɑ:ptɪməl] 최적의
suboptimal 차선의
2 optimistic [ˌɒptɪ'mɪstɪk] 낙관적인
optimism 낙관주의
7 option ['ɒpʃn] 선택
306 or [ɔ:r] 또는
2 orange ['ɒrɪndʒ] 오렌지
1 orchard ['ɔ:rtʃərd] 과수원
4 orchestra ['ɔ:rkɪstrə] 오케스트라
18 order ['ɔ:rdər] 주문
4 ordinary ['ɔ:rdneri] 평범한
2 organ ['ɔ:rgən] 장기
7 organic [ɔ:r'gænɪk] 유기농의 8단원
9 organism ['ɔ:rgənɪzəm] 유기체 7단원
28 organization [ˌɔ:rgənə'zeɪʃn] 조직 4단원
organizational 조직적인 organize 조직하다
organised 조직된 organized 조직된
4 orient ['ɔ:riənt] 동양
oriented 지향된
1 orientation [ˌɔ:riən'teɪʃn] 방향
15 origin ['ɒrɪdʒɪn] 기원
original 원래의 originally 원래
2 orphaned ['ɔ:rfənd] 고아가 된 10단원
2 Oscar ['ɒskər] 오스카 (영화의 상)
2 *osteoarthritis [ˌɑ:stiouɑ:r'θraɪtɪs] 골관절염
2 Ostrom ['ɒstrəm] 오스트롬 (이름)
180 other ['ʌðər] 다른
4 otherwise ['ʌðərwaɪz] 그렇지 않으면
1 otherworld ['ʌðərwɜ:rld] 저세상

4 ought [ɔːt] ~해야 한다
173 **our** [auər] 우리의
ours 우리 것 ourselves 우리 자신
111 **out** [aut] 밖으로
sellout 매진 without 없이
1 outbreak ['autbreɪk] 발생
12 **outcome** ['autkʌm] 결과
2 outdated [,aut'deɪtɪd] 구식의
3 outdoor ['autdɔːr] 야외의
1 outgrowth ['autgrəuθ] 부산물
1 outlet ['autlet] 배출구
2 outline ['autlaɪn] 개요
outlined 개요를 설명한
1 outpace [,aut'peɪs] 앞지르다
6 **output** ['autput] 산출
2 outrage ['autreɪdʒ] 분노
outraged 분노한
11 **outside** [,aut'saɪd] 외부의
outsider 외부인
1 outspoken [aut'spəukən] 솔직한
1 outward ['autwərd] 외면의
1 outweigh [,aut'weɪ] ~보다 중요하다
1 oven ['ʌvn] 오븐
110 **over** ['əuvər] 위에
overcome 극복하다 overcoming 극복하는
overconfident 과신하는
overcrowd 과밀하게 하다 overcrowded 과밀한
overdrawn 초과 인출된 overeat 과식하다
overeating 과식 overestimate 과대평가하다
overfilter 과도하게 거르다 overflow 넘치다
overflowing 넘치는 overgrazing 과도한 방목
overhype 과대 선전하다 overhyping 과대 선전
overlap 겹치다 overlooked 간과된
overly 지나치게 overnight 하룻밤 사이에
overseeing 감독하는
4 overall [,əuvər'ɔːl] 전반적인
1 overboard ['əuvərbɔːrd] 과도하게
4 overcome [,əuvər'kʌm] 극복하다
overcoming 극복하는
2 overeat [,əuvər'iːt] 과식하다
overeating 과식
2 overestimate [,əuvər'estɪmeɪt] 과대평가하다
1 overfilter [,əuvər'fɪltər] 과도하게 여과하다
2 overflow [,əuvər'fləu] 넘치다
overflowing 넘치는
2 overgrazing [,əuvər'greɪzɪŋ] 과도한 방목
2 *overhype [,ouvər'haɪp] 과대 선전하다
overhyping 과대 선전하는
2 overlap [,əuvər'læp] 중복되다
2 overly ['əuvərli] 지나치게
1 overwhelming [,əuvər'welmɪŋ] 압도적인
73 **own** [əun] 자신의
owned 소유한 owner 소유자 ownership 소유권

1 oxygen ['ɒksɪdʒən] 산소
2 pace [peɪs] 속도
5 **Pacific** [pə'sɪfɪk] 태평양의
10 **pack** [pæk] 포장하다
package 패키지 packaged 포장된
packaging 포장 packed 가득 찬 packet 소포
8 **pad** [pæd] 패드
2 paddle ['pædl] 노를 젓다
4 page [peɪdʒ] 페이지
3 paid [peɪd] 지불된
4 pain [peɪn] 고통
4 painful ['peɪnfl] 고통스러운
34 **paint** [peɪnt] 페인트
painted 그려진 painter 화가 painting 그림
1 pair [per] 한 쌍
2 palm [pɑːm] 손바닥
7 **pan** [pæn] 냄비
2 panel ['pænl] 패널
2 panic ['pænɪk] 공포
panicked 공황상태에 빠진
1 pants [pænts] 바지
10 **paper** ['peɪpər] 종이
3 *parable ['pærəbl] 비유, 우화
1 parade [pə'reɪd] 퍼레이드
9 **paradigm** ['pærədaɪm] 패러다임
3 paradox ['pærədɒks] 역설
paradoxical 역설적인
3 parallel ['pærəlel] 평행한
3 *paralyze ['pærəlaɪz] 마비시키다
paralyzed 마비된
1 parcel ['pɑːrsl] 소포
17 **parents** ['perənts] 부모
parental 부모의
2 *parietal [pə'raɪətl] 두정골의, 벽의
34 **park** [pɑːrk] 공원
parking 주차
1 parliamentary [,pɑːrlə'mentri] 의회의
1 *parole [pə'roul] 가석방, 서약
2 parson ['pɑːrsn] 목사
34 **part** [pɑːrt] 부분
parted 헤어진
1 partiality [,pɑːrʃi'æləti] 편파성
28 **participate** [pɑːr'tɪsɪpeɪt] 참여하다
participant 참가자
2 particle ['pɑːrtɪkl] 입자 17단원
35 **particular** [pər'tɪkjələr] 특정한 14,16단원
particularly 특히
1 parting ['pɑːrtɪŋ] 이별
1 partitioning [pɑːr'tɪʃənɪŋ] 분할
2 partner ['pɑːrtnər] 동반자
partnership 동반자 관계

9 **party** ['pɑːrti] 파티
16 **pass** [pæs] 통과하다
passage 통로 passed 통과한 passing 지나가는
5 **passion** ['pæʃn] 열정
passionate 열정적인
1 passively ['pæsɪvli] 수동적으로
28 **past** [pæst] 과거
2 pasta ['pɑːstə] 파스타 (이탈리아의 면 요리)
1 pastime ['pæstaɪm] 취미
6 **pasture** ['pæstʃər] 목초지
pastureland 목초지
1 pat [pæt] 가볍게 두드리다
2 patch [pætʃ] 패치
1 patent ['pætnt] 특허
8 **path** [pæθ] 경로 12단원
pathway 경로
5 **patient** ['peɪʃnt] 환자 3단원
patience 인내
1 patron ['peɪtrən] 후원자
8 **pattern** ['pætərn] 패턴
3 pause [pɔːz] 일시 정지 1단원
1 pave [peɪv] 포장하다
1 paw [pɔːz] (동물의) 앞발
17 **pay** [peɪ] 지불하다
paycheck 급여 수표 paying 지불하는
payment 지불 payoff 보상 taxpayer 납세자
2 PC [ˌpiː 'siː] 개인용 컴퓨터 (personal computer)
4 peace [piːs] 평화
peaceful 평화로운
1 peach [piːtʃ] 복숭아
3 peak [piːk] 정점 3단원
1 peanut ['piːnʌt] 땅콩
1 pearl [pɜːrl] 진주
2 *peasant ['peznt] 농민, 소작인
2 peat [piːt] 토탄 (석탄의 일종)
2 *peck [pek] 쪼다, 조금씩 먹다
2 *pedagogy ['pedəgoudʒi] 교육학, 교수법
1 pedal ['pedl] 페달
2 pedestrian [pə'destriən] 보행자
4 peer [pɪər] 동료
6 **pen** [pen] 펜
4 pencil ['pensl] 연필
2 *pendulum ['pendʒələm] 진자
1 penetrate ['penɪtreɪt] 침투하다
185 **people** ['piːpl] 사람들 6단원
salespeople 판매원들
15 **per** [pər] ~당
5 **perceive** [pər'siːv] 인식하다
perceived 인식된
58 **percentage** [pər'sentɪdʒ] 비율
percent 퍼센트
12 **perception** [pər'sepʃn] 인식
4 perfect ['pɜːrfɪkt] 완벽한
45 **perform** [pər'fɔːrm] 수행하다 5단원
performance 성과 performed 수행된
performing 수행하는
12 **perhaps** [pər'hæps] 아마도
1 perhour [pər 'auər] 시간당
14 **period** ['pɪriəd] 기간
3 permanent ['pɜːrmənənt] 영구적인
3 permitted [pər'mɪtɪd] 허용된
permission 허가
5 **persist** [pər'sɪst] 지속하다
persisted 지속된 persistently 끈질기게
72 **person** ['pɜːrsn] 사람
personal 개인적인 personality 성격
personally 개인적으로 personhood 인격
repairperson 수리공 salesperson 판매원
15 **perspective** [pər'spektɪv] 관점 17단원
3 persuade [pər'sweɪd] 설득하다 1,3단원
persuasive 설득력 있는
5 pet [pet] 애완동물
1 phase ['feɪz] 단계
1 PHD [ˌpiː eɪtʃ 'diː] 박사 학위
13 **phenomenon** [fɪ'nɒmɪnən] 현상
phenomena 현상들
2 philharmonic [ˌfɪlhɑːr'mɒnɪk] 필하모닉
6 **philosophy** [fə'lɒsəfi] 철학 12,15,17단원
philosophical 철학적인 philosopher 철학자
2 phobia ['fəubiə] 공포증 3단원
6 **phone** [fəun] 전화
34 **photograph** ['fəutəgrɑːf] 사진
photo 사진 photographer 사진작가
photographic 사진의 photography 사진술
4 phrase [freɪz] 구절
17 **physical** ['fɪzɪkl] 물리적인 7,9,11단원
physically 물리적으로
12 **physics** ['fɪzɪks] 물리학
physicist 물리학자
1 physiological [ˌfɪziə'lɒdʒɪkl] 생리학적인 7단원
5 ***physiology** [ˌfɪzi'ɒlədʒi] 생리학
physiological 생리학적인
13 **piano** [pi'ænəu] 피아노
pianist 피아니스트
8 **pick** [pɪk] 고르다
picked 고른 picking 고르는
pick up 집다, 태우다, 회복하다, (습관 등을) 익히다
2 picnic ['pɪknɪk] 소풍 3단원
1 pictogram ['pɪktəgræm] 그림 문자
10 **picture** ['pɪktʃər] 그림 11단원
1 pie [paɪ] 파이
15 **piece** [piːs] 조각
timepiece 시계 centerpiece 중심 장식

1 pied [paɪd] 얼룩덜룩한
3 pile [paɪl] 더미
piled 쌓인
1 pillar ['pɪlər] 기둥
1 pine [paɪn] 소나무
1 pink [pɪŋk] 분홍색
2 *pinnacle ['pɪnəkl] 정점, 절정
1 pinpointed ['pɪnpɔɪntɪd] 정확히 지적된
3 pioneer [ˌpaɪə'nɪər] 개척자
pioneered 개척한
1 pirate ['paɪrət] 해적
1 pistol ['pɪstl] 권총
5 **pitch** [pɪtʃ] 음의 높이, 던지다, 경기장
pitched 던졌다
1 pity ['pɪti] 동정
60 **place** [pleɪs] 장소
placed 놓인 placing 배치하는 marketplace 시장
workplace 직장
1 plagued [pleɪgd] 괴롭힘을 당한
2 plain [pleɪn] 평원
20 **plan** [plæn] 계획
planned 계획된 planner 계획자 planning 계획
1 plane [pleɪn] 비행기
1 planet ['plænɪt] 행성
7 **plant** [plænt] 식물 8단원
2 plastic ['plæstɪk] 플라스틱
3 plasticity [plæ'stɪsəti] 가소성
2 plate [pleɪt] 접시 2단원
1 plateau [plæ'təʊ] 고원 3단원
3 platform ['plætfɔːrm] 플랫폼
2 *plausible ['plɔːzəbl] 그럴듯한, 타당한
57 **play** [pleɪ] 놀다
played 연주된 player 선수 playful 장난스러운
playground 놀이터 playing 연주하는
2 playbook ['pleɪbʊk] 전략서
1 plaza ['plɑːzə] 광장
31 **please** [pliːz] 부탁합니다, 기쁘게 하다 1단원
pleasant 즐거운 pleased 기쁜
pleasurable 유쾌한 pleasure 즐거움
3 plot [plɒt] 줄거리
1 plus [plʌs] 더하기
25 **pm** [ˌpiː 'em] 오후
1 *pneumonia [nuː'moʊniə] 폐렴
1 pocket ['pɒkɪt] 주머니
14 **poet** ['pəʊɪt] 시인
poem 시 poetic 시적인 poetry 시
38 **point** [pɔɪnt] 점
pointed 뾰족한 viewpoint 관점
point out 지적하다
3 poison ['pɔɪzn] 독 4단원
poisoning 중독 poisonous 독성이 있는

1 polarised ['pəʊləraɪzd] 양극화된
3 policeman [pə'liːsmən] 경찰관
policemen 경찰관들
8 **policy** ['pɒləsi] 정책
policymaker 정책 만드는 사람
1 politely [pə'laɪtli] 공손하게
29 **political** [pə'lɪtɪkl] 정치적인
politically 정치적으로 politician 정치인
politics 정치
2 *pollen ['pɑːlən] 꽃가루
7 **pollute** [pə'luːt] 오염시키다 1,8단원
polluted 오염된 polluting 오염시키는
pollution 오염
1 pool [puːl] 수영장
19 **poor** [pʊər] 가난한
poorer 더 가난한 poorest 가장 가난한
poorly 형편없이
3 pope [pəʊp] 교황
11 **popular** ['pɒpjələr] 인기 있는
popularity 인기 popularized 대중화된
19 **population** [ˌpɒpju'leɪʃn] 인구
1 port [pɔːrt] 항구
3 portray [pɔːr'treɪ] 묘사하다
portrait 초상화
2 posing ['pəʊzɪŋ] 자세를 취하는
12 **position** [pə'zɪʃn] 위치
positioned 위치한 positioning 위치시키는
26 **positive** ['pɒzətɪv] 긍정적인
5 **possess** [pə'zes] 소유하다
possession 소유
8 **possibility** [ˌpɒsə'bɪləti] 가능성
30 **possible** ['pɒsəbl] 가능한
possibly 아마도
19 **post** [pəʊst] 게시하다
posted 게시된 post-high 고등학교 이후의
poster 포스터
2 *postulate ['pɑːstʃəleɪt] 가정하다, 공리
postulated 가정된
1 posture ['pɒstʃər] 자세
1 potato [pə'teɪtəʊ] 감자
21 **potential** [pə'tenʃl] 잠재적인 7,8,9단원
potent 강력한 potentiality 잠재성
potentially 잠재적으로
5 **pottery** ['pɒtəri] 도자기 2단원
1 pound [paʊnd] 파운드
1 pounded [paʊndɪd] 강타당한
4 pour [pɔːr] 붓다
poured 부어진 pouring 붓는
1 poverty ['pɒvərti] 빈곤
35 **power** ['paʊər] 힘
powerful 강력한 powerfully 강력하게
26 **practice** ['præktɪs] 연습 12,17단원
practical 실용적인 practiced 연습한
practicing 연습하는

4 Prague [prɑːg] 프라하(체코의 수도) 10단원

5 **praise** [preɪz] 칭찬 6단원
praised 칭찬받은

30 **pre** [priː] 이전의
prehistoric 선사 시대의
preindustrial 산업화 이전의
preinternet 인터넷 이전의 prejudice 편견
*premonitory 예고하는
preoccupation 선입관 preparation 준비
preprint 사전 인쇄 preschooler 취학 전 아동
prescribe 처방하다 prescriptive 규범적인
preselected 사전 선택된 preserve 보존하다
presuppose 전제하다 pretending 가장하는

1 precedent ['presɪdənt] 선례

2 *precipitate [prɪ'sɪpɪteɪt] 촉진하다, 급락하다
precipitated 촉진된

19 **precision** [prɪ'sɪʒn] 정밀도
precise 정확한 precisely 정확히

1 preconception [ˌpriːkən'sepʃn] 선입견

2 predator ['predətər] 포식자

2 predetermined [ˌpriːdɪ'tɜːrmɪnd] 미리 결정된

9 **predict** [prɪ'dɪkt] 예측하다
predictable 예측 가능한 predicted 예측된
predictor 예측자

2 predominate [prɪ'dɒmɪneɪt] 우세하다
predominated 우세한

14 **prefer** [prɪ'fɜːr] 선호하다
preferably 가급적 preferred 선호된

8 **preference** ['prefrəns] 선호 9단원
preferentially 선호적으로

2 prehistoric [ˌpriːhɪ'stɔːrɪk] 선사 시대의
prehistory 선사 시대

1 preindustrial [ˌpriːɪn'dʌstriəl] 산업화 이전의

1 preinternet [priː'ɪntərnet] 인터넷 이전의

1 prejudice ['predʒudɪs] 편견

1 premium ['priːmiəm] 프리미엄

5 ***premonitory** [prɪ'mɒnɪtəri] 예고하는
premonition 예감

1 preoccupation [priˌɒkju'peɪʃn] 집착

2 preparation [ˌprepə'reɪʃn] 준비

6 **prepare** [prɪ'per] 준비하다
prepared 준비된 preparing 준비하는

1 preprint ['priːprɪnt] 선행 출판물

1 preschooler ['priːskuːlər] 취학 전 아동

3 prescribe [prɪ'skraɪb] 처방하다
prescribed 처방된 prescription 처방

1 prescriptive [prɪ'skrɪptɪv] 규범적인

1 preselected [ˌpriːsɪ'lektɪd] 미리 선택된

42 **present** ['preznt] 현재의 3,5단원
presence 존재 presentation 발표
presentational 발표의 presented 제시된
presently 현재

5 **preserve** [prɪ'zɜːrv] 보존하다
preservation 보존 preserving 보존하는

5 **president** ['prezɪdənt] 대통령 3단원

10 **press** [pres] 누르다
pressed 눌린 pressing 긴급한 pressure 압력

1 presumably [prɪ'zuːməbli] 아마도

2 presuppose [ˌpriːsə'pəʊz] 전제하다

1 pretending [prɪ'tendɪŋ] 가장하는

5 **pretty** ['prɪti] 예쁜

1 prevailing [prɪ'veɪlɪŋ] 널리 퍼진

13 **prevent** [prɪ'vent] 예방하다 8단원
preventing 예방하는 prevention 예방

14 **previous** ['priːviəs] 이전의
preview 미리보기 previously 이전에

2 prey [preɪ] 먹이

23 **price** [praɪs] 가격
priced 가격이 매겨진 priceless 값을 매길 수 없는
pricing 가격 책정

1 pride [praɪd] 자부심

1 priest [priːst] 사제

10 **primary** ['praɪmeri] 주요한
primarily 주로

1 primates ['praɪmeɪts] 영장류

2 *primeval [praɪ'miːvl] 원시의, 태고의

4 primitive ['prɪmətɪv] 원시적인

4 principal ['prɪnsəpl] 교장

22 **principle** ['prɪnsəpl] 원칙

10 **print** [prɪnt] 인쇄하다
preprint 사전 인쇄물 printed 인쇄된 printing 인쇄

2 prior ['praɪər] 이전의

2 prioritise [praɪ'ɒrɪtaɪz] 우선순위를 정하다
prioritize 우선순위를 정하다

6 **private** ['praɪvət] 사적인

1 privileged ['prɪvəlɪdʒd] 특권을 가진

9 **prize** [praɪz] 상

19 **probably** ['prɒbəbli] 아마도
probable 있음직한 probability 가능성

3 *probe [proʊb] 조사하다, 탐사선

49 **problem** ['prɒbləm] 문제
problematic 문제가 있는

2 proceed [prə'siːd] 진행하다
proceeded 진행된

43 **process** ['prəʊses] 과정 12,16단원
processed 처리된 processing 처리
procedure 절차

39 **produce** [prə'djuːs] 생산하다
produced 생산된 producer 생산자
producing 생산하는

52 **product** ['prɒdʌkt] 제품
productive 생산적인
nonproductive 비생산적인 production 생산
productivity 생산성

12 **professional** [prə'feʃənl] 전문적인
profession 직업

4 professor [prə'fesər] 교수 11단원

10 **profit** ['prɒfɪt] 이익

profitable 수익성 있는
2 profoundly [prə'faʊndli] 깊이
26 **program** ['prəʊgræm] 프로그램
programmed 프로그램된
programmer 프로그래머
programming 프로그래밍
11 **progress** ['prəʊgres] 진전 5단원
progressed 진전된 progressing 진행 중인
progressive 진보적인
14 **project** ['prɒdʒekt] 프로젝트 2,13단원
projected 투사된 projection 투사
2 *proliferation [prə,lɪfə'reɪʃn] 증식, 급증
3 *prominent ['prɑːmɪnənt] 두드러진, 저명한
9 **promise** ['prɒmɪs] 약속
promised 약속된
10 **promote** [prə'məʊt] 홍보하다
promoted 승진된 promoter 홍보자
promoting 홍보하는 promotion 승진
3 prompt [prɒmpt] 즉각적인
prompted 촉발된 promptly 즉시
1 prone [prəʊn] ~하기 쉬운
1 proof [pruːf] 증거 13단원
2 *propagate ['prɑːpəgeɪt] 전파하다, 번식시키다
propagated 전파된
propaganda 선전
1 propelled [prə'peld] 추진된
5 **proper** ['prɒpər] 적절한
properly 적절히
5 **property** ['prɒpərti] 재산
5 ***prophet** ['prɒfɪt] 예언자
prophecy 예언 prophetic 예언적인
4 proportion [prə'pɔːrʃn] 비율
7 **proposed** [prə'pəʊzd] 제안된
proposal 제안 proposition 명제
1 pros [prəʊz] 장점들
2 *proscenium [proʊ'siːniəm]
프로시니엄 아치 (무대 앞부분)
2 *prosecute ['prɑːsɪkjuːt] 기소하다, 수행하다
prosecuted 기소된
2 prospect ['prɒspekt] 전망
2 prosper ['prɒspər] 번영하다
prosperity 번영
4 *protagonist [proʊ'tægənɪst] 주인공, 주창자
21 **protect** [prə'tekt] 보호하다
protected 보호된 protecting 보호하는
protection 보호 protective 보호하는
5 **Protogenes** [prə'tɒdʒəniːz] 프로토게네스 (이름)
2 *protoplasm ['proʊtəplæzəm] 원형질
1 protrusion [prə'truːʒn] 돌출
1 proudly ['praʊdli] 자랑스럽게
6 **prove** [pruːv] 증명하다
proved 증명된
2 proverb ['prɒvɜːrb] 속담
45 **provide** [prə'vaɪd] 제공하다
provided 제공된 provider 제공자
providing 제공하는
1 province ['prɒvɪns] 지방
2 provision [prə'vɪʒn] 조항
3 *provoke [prə'voʊk] 유발하다, 자극하다
provoking 자극하는
2 *prune [pruːn] 가지치기하다, 잘라내다
pruned 가지치기된
19 **psychology** [saɪ'kɒlədʒi] 심리학
psychological 심리적인
psychologically 심리적으로
psychologist 심리학자
38 **public** ['pʌblɪk] 공공의
publication 출판 publicity 홍보 publicize 공개하다
publicizing 공개하는 publicly 공개적으로
8 **publish** ['pʌblɪʃ] 출판하다 10단원
published 출판된 publishers 출판사
publishing 출판
1 puddle ['pʌdl] 웅덩이
1 Pulitzer ['pʊlɪtsər] 퓰리처상
8 **pull** [pʊl] 당기다 3단원
pulled 당겨진 pulling 당기는
1 punctuated ['pʌŋktʃueɪtɪd] 구두점이 찍힌
9 **punish** ['pʌnɪʃ] 처벌하다
punished 처벌받은 punishing 처벌하는
punishment 처벌
1 puppy ['pʌpi] 강아지
12 **purchase** ['pɜːrtʃəs] 구매하다
purchased 구매한 purchaser 구매자
purchasing 구매하는
4 purely ['pjʊrli] 순수하게
purification 정화 purity 순수
19 **purpose** ['pɜːrpəs] 목적
2 pursue [pər'suː] 추구하다
7 **push** [pʊʃ] 밀다
pushed 밀린 pushing 밀고 있는
32 **put** [pʊt] 놓다
putting 두는
put down 내려놓다
put forward 제안하다
put on 입다
put out 내보내다
1 puzzle ['pʌzl] 퍼즐
1 pyramid ['pɪrəmɪd] 피라미드
2 QR [,kjuː 'ɑːr] QR 코드 (Quick Response)
2 *quagmire ['kwægmaɪr] 수렁, 난국
3 qualify ['kwɒlɪfaɪ] 자격을 갖추다 17단원
qualified 자격 있는
19 **quality** ['kwɒləti] 품질
5 **quantity** ['kwɒntəti] 양
quantitative 양적인 quantifying 정량화하는
3 queen [kwiːn] 여왕
1 quest [kwest] 탐구
18 **question** ['kwestʃən] 질문
questionable 의문스러운 questioned 질문받은

questioning 질문하는
21 **quickly** ['kwɪkli] 빠르게
quick 빠른 quicker 더 빠른
2 quiet ['kwaɪət] 조용한
1 quit [kwɪt] 그만두다
9 **quite** [kwaɪt] 꽤
2 quo [kwəʊ] 현상
1 quote [kwəʊt] 인용하다
7 **race** [reɪs] 경주 5단원
racing 경주 racist 인종차별주의자
1 racket ['rækɪt] 라켓
1 radar ['reɪdɑːr] 레이더
1 radically ['rædɪkli] 근본적으로
4 radio ['reɪdiəʊ] 라디오
1 rag [ræg] 넝마
1 rage [reɪdʒ] 분노
10 **rain** [reɪn] 비
rainforest 열대우림 raining 비가 오는
7 **raise** [reɪz] 올리다
raised 올려진 raising 올리는
1 *rally ['ræli] 집회
2 *ramification [,ræmɪfɪ'keɪʃn] 파급 효과, 분지
6 **ran** [ræn] 달렸다
3 random ['rændəm] 무작위의
randomly 무작위로
6 **range** [reɪndʒ] 범위
ranged 범위가 있는
5 **rank** [ræŋk] 순위
4 rapid ['ræpɪd] 빠른
rapidly 빠르게
9 **rare** [rer] 희귀한
rarely 드물게
3 rat [ræt] 쥐
14 **rate** [reɪt] 비율
rated 평가된
30 **rather** ['ræðər] 오히려
1 rating ['reɪtɪŋ] 평가
8 **rational** ['ræʃnəl] 합리적인 7단원
rationale 근거 rationalization 합리화
1 raw [rɔː] 날것의 16단원
2 ray [reɪ] 광선
28 **reach** [riːtʃ] 도달하다
reached 도달한 reaching 도달하는
8 **reaction** [ri'ækʃn] 반응 4,11단원
reacting 반응하는 reactivity 반응성
29 **read** [riːd] 읽다
reader 독자 reading 읽기
1 readership ['riːdərʃɪp] 독자층
13 **ready** ['redi] 준비된 5단원
readily 쉽게
82 **real** [rɪəl] 실제의 15단원
realism 현실주의 realistic 현실적인
realist 현실주의자 reality 현실 realize 깨닫다
realized 깨달은 really 정말로
1 realm [relm] 영역
1 rearing ['rɪərɪŋ] 양육
35 **reason** ['riːzn] 이유 3단원
reasonable 합리적인 reasoned 논리적인
1 reassure [,riːə'ʃʊər] 안심시키다
6 **recall** [rɪ'kɔːl] 회상하다
recalled 회상된
1 receipt [rɪ'siːt] 영수증
21 **receive** [rɪ'siːv] 받다
received 받은 receiver 수신자 receiving 받는
9 **recent** ['riːsnt] 최근의
recently 최근에
1 receptive [rɪ'septɪv] 수용적인
1 recess [rɪ'ses] 휴식
5 **recipe** ['resəpi] 요리법
1 recipient [rɪ'sɪpiənt] 수령인
22 **recognize** ['rekəgnaɪz] 인식하다 5,8단원
recognise 인식하다 recognition 인식
recognizable 인식 가능한 recognized 인정받은
recognizing 인식하는
3 recommend [,rekə'mend] 추천하다
recommendation 추천 recommended 추천된
4 *reconcile ['rekənsaɪl] 화해시키다, 조화시키다
reconciliation 화해 reconciling 화해시키는
1 reconstruct [,riːkən'strʌkt] 재건하다
22 **record** [rɪ'kɔːrd] 기록하다
recorded 기록된 recording 녹음
1 recounting [rɪ'kaʊntɪŋ] 다시 세는
12 **recovery** [rɪ'kʌvəri] 회복
recover 회복하다 recovered 회복된
recovering 회복하는
6 **recreation** [,rekri'eɪʃn] 레크리에이션
recreate 재창조하다
2 recruit [rɪ'kruːt] 모집하다
1 rectangle ['rektæŋgl] 직사각형
5 **recycle** [,riː'saɪkl] 재활용하다
recycling 재활용
4 red [red] 빨간 10단원
reddish 붉은 빛의
1 redistribution [,riːdɪstrɪ'bjuːʃn] 재분배 8단원
28 **reduce** [rɪ'djuːs] 줄이다 11단원
reduced 줄어든 reducing 줄이는
reduction 감소
2 *reed [riːd] 갈대, 리드(악기의)
2 reef [riːf] 암초
reeves 암초들
1 Reese [riːs] 리스 (이름)
2 ref. [ref] 심판 (referee), 참조사항 (reference)
10 **refer** [rɪ'fɜːr] 언급하다
reference 참조 referred 언급된 1
referential 참조의
6 **refine** [rɪ'faɪn] 정제하다

refined 정제된 refining 정제하는

17 **reflect** [rɪ'flekt] 반영하다
reflected 반영된 reflecting 반영하는
reflection 반영

5 **reform** [rɪ'fɔːrm] 개혁
reforming 개혁하는

1 reframe [ˌriː'freɪm] 재구성하다

1 refreshment [rɪ'freʃmənt] 다과

1 refrigerator [rɪ'frɪdʒəreɪtər] 냉장고

1 refuge ['refjuːdʒ] 피난처

1 refund ['riːfʌnd] 환불

1 regained [rɪ'geɪnd] 되찾은

20 **regard** [rɪ'gɑːrd] 여기다 8,16단원
regarded 간주된 regarding ~에 관하여
regardless of ~에 상관없이

7 **region** ['riːdʒən] 지역
regional 지역의

9 **register** ['redʒɪstər] 등록하다
registered 등록된 registration 등록

3 regret [rɪ'gret] 후회하다
regretful 후회하는

8 **regular** ['regjələr] 규칙적인 5단원
regularity 규칙성 regularize 규칙화하다
regularly 정기적으로

7 **regulation** [ˌregju'leɪʃn] 규제
regulate 규제하다

1 regulatory ['regjələtɔːri] 규제의

2 rehearsal [rɪ'hɜːrsl] 리허설
rehearse 리허설하다

2 reindeer ['reɪndɪər] 순록

4 reinforce [ˌriːɪn'fɔːrs] 강화하다
reinforced 강화된

1 reinterpreted [ˌriːɪn'tɜːrprətɪd] 재해석된

1 reinvented [ˌriːɪn'ventɪd] 재창조된

7 **reject** [rɪ'dʒekt] 거부하다 13단원
rejected 거부된 rejection 거부

1 rejoiced [rɪ'dʒɔɪst] 기뻐한

16 **relate** [rɪ'leɪt] 관련짓다
related 관련된 relating 관련시키는

24 **relation** [rɪ'leɪʃn] 관계 1,14단원
relationship 관계

12 **relative** ['relətɪv] 친척 10단원
relatively 상대적으로 relativity 상대성

8 **relax** [rɪ'læks] 휴식하다
relaxation 휴식 relaxed 편안한

3 release [rɪ'liːs] 출시하다

5 **relevant** ['reləvənt] 관련 있는 17단원
relevance 관련성

6 **reliable** [rɪ'laɪəbl] 신뢰할 수 있는
reliability 신뢰성 reliance 의존

12 **relieved** [rɪ'liːvd] 안도한 15단원
relief 안도

5 **religion** [rɪ'lɪdʒən] 종교 8단원
religious 종교적인

1 relive [ˌriː'lɪv] 다시 경험하다

2 reluctance [rɪ'lʌktəns] 꺼림

8 **rely on** [rɪ'laɪ ɑn] ~에 의지하다

1 remade [ˌriː'meɪd] 다시 만들어진

17 **remain** [rɪ'meɪn] 남다
remained 남은 remaining 남아있는

6 **remark** [rɪ'mɑːrk] 발언
remarkable 주목할 만한 remarked 언급된

1 remedied ['remədiːd] 교정된

14 **remember** [rɪ'membər] 기억하다
remembered 기억된 remembering 기억하는

2 remind [rɪ'maɪnd] 상기시키다
reminded 상기시킨 reminder 상기시키는 것

1 remnant ['remnənt] 잔재

4 remote [rɪ'məʊt] 원격의
remotely 원격으로

6 **remove** [rɪ'muːv] 제거하다
removal 제거 removed 제거된

1 Renaissance ['renəsɑːns] 르네상스

4 *render ['rendər] 제공하다, 표현하다
rendered 렌더링된 rendering 렌더링

6 **renewable** [rɪ'njuːəbl] 재생 가능한 2단원
renewal 갱신 renewed 갱신된

1 renovation [ˌrenə'veɪʃn] 개조 2단원

3 renowned [rɪ'naʊnd] 유명한

1 rent [rent] 임대료

12 **repair** [rɪ'per] 수리하다
repairing 수리하는 repairperson 수리공

1 repay [rɪ'peɪ] 갚다
repaying 갚는

9 **repeat** [rɪ'piːt] 반복하다
repeatable 반복 가능한 repeated 반복된
repeatedly 반복적으로

1 repertoire ['repərtwɑːr] 레퍼토리

3 repetitive [rɪ'petətɪv] 반복적인

2 *repercussion [ˌriːpər'kʌʃn] 반향, 영향

7 **replace** [rɪ'pleɪs] 대체하다 17단원
replaced 대체된 replacing 대체하는

1 replanting [ˌriː'plɑːntɪŋ] 재식재

6 ***replicate** ['replɪkeɪt] 복제하다
*replicable 복제 가능한 replicated 복제된
replication 복제, 재현

6 **reply** [rɪ'plaɪ] 답장하다
replied 답변했다

11 **report** [rɪ'pɔːrt] 보고하다
reported 보고된 reportedly 보도에 의하면
reporter 기자

12 **represent** [ˌreprɪ'zent] 대표하다 7단원
representative 대표 represented 대표된
representing 대표하는

19 **representation** [ˌreprɪzen'teɪʃn] 표현
representational 표현적인

11 **reproduce** [ˌriːprə'djuːs] 재생산하다
reproduction 재생산 reproductive 생식의

reputation

1 reputation [ˌrepju'teɪʃn] 평판

8 **request** [rɪ'kwest] 요청 13단원
requested 요청된

40 **require** [rɪ'kwaɪər] 요구하다
required 요구된 requirement 요구사항
requiring 요구하는

1 rereading [ˌriː'riːdɪŋ] 다시 읽기

6 **rescue** ['reskjuː] 구조하다
rescued 구조된 rescuer 구조자 rescuing 구조하는

41 **research** [rɪ'sɜːrtʃ] 연구
researched 연구된 researcher 연구원

2 resentment [rɪ'zentmənt] 분노

3 reservation [ˌrezər'veɪʃn] 예약
reserve 예약하다

16 **resident** ['rezɪdənt] 거주자
residing 거주하는

7 **resist** [rɪ'zɪst] 저항하다
resistant 저항하는 resisted 저항한

5 **resolution** [ˌrezə'luːʃn] 해상도

2 resolve [rɪ'zɒlv] 해결하다
resolving 해결하는

2 *resonance ['rezənəns] 공명, 반향

1 resort [rɪ'zɔːrt] 리조트 2,9단원

22 **resource** ['riːsɔːrs] 자원 9단원
resourceful 창의적인

18 **respect** [rɪ'spekt] 존중
respectable 존경할 만한 respected 존경받는

2 respective [rɪ'spektɪv] 각각의
respectively 각각

7 **respondent** [rɪ'spɒndənt] 응답자

36 **response** [rɪ'spɒns] 반응 11,13단원
respond 응답하다 responded 응답한
responsive 반응이 빠른

21 **responsibility** [rɪˌspɒnsə'bɪləti] 책임
responsible 책임있는

7 **rest** [rest] 휴식 1단원

1 restage [ˌriː'steɪdʒ] 재연출하다

4 restaurant ['restrɒnt] 식당

3 restore [rɪ'stɔːr] 복원하다
restoring 복원하는

1 restraint [rɪ'streɪnt] 구속

9 **restrict** [rɪ'strɪkt] 제한하다
restricted 제한된 restricting 제한하는
restriction 제한

1 rest [rest] 휴식

1 resubmerge [ˌriːsəb'mɜːrdʒ] 다시 잠기다

59 **result** [rɪ'zʌlt] 결과
resulted 결과가 나온 resulting 결과로 나오는
result in ~을 초래하다 resultant 결과적인

8 **retail** ['riːteɪl] 소매

3 retain [rɪ'teɪn] 유지하다
retained 보유한 retaining 보유하는

4 *retina ['retɪnə] 망막

2 retiring [rɪ'taɪərɪŋ] 은퇴하는

1 retraining [ˌriː'treɪnɪŋ] 재교육

2 retreat [rɪ'triːt] 후퇴

2 retrospect ['retrəspekt] 회고

11 **return** [rɪ'tɜːrn] 돌아오다 7단원
returned 반환된 returning 돌아오는

3 reunion [riː'juːniən] 재회
reunite 재결합하다

6 **reveal** [rɪ'viːl] 드러내다
revealed 드러난

3 *revenue ['revənuː] 수익, 세입

1 reverse [rɪ'vɜːrs] 반대

6 **review** [rɪ'vjuː] 검토

2 revised [rɪ'vaɪzd] 수정된 6단원

3 revolution [ˌrevə'luːʃn] 혁명 11단원

1 revolve [rɪ'vɒlv] 회전하다

8 **reward** [rɪ'wɔːrd] 보상
rewarded 보상받은

1 rewriting [ˌriː'raɪtɪŋ] 다시 쓰기

7 **rich** [rɪtʃ] 부유한
richly 풍부하게 richness 풍부함

2 rid [rɪd] 제거하다

14 **ride** [raɪd] 타다

2 *riff [rɪf] 리프 (음악의 짧은 반복 구절)

34 **right** [raɪt] 오른쪽

1 rigid ['rɪdʒɪd] 엄격한

2 ring [rɪŋ] 반지
ringing 울리는

1 rip [rɪp] 찢다
ripped 찢어진

4 rise [raɪz] 오르다
rising 오르는

27 **risk** [rɪsk] 위험 1,4,16단원
risky 위험한

2 ritual ['rɪtʃuəl] 의식

3 rival ['raɪvl] 경쟁자

6 **river** ['rɪvər] 강

10 **road** [rəʊd] 도로
roadblock 로드블록

6 **roast** [rəʊst] 구워진
roasting 구워지는

2 robbed [rɒbd] 강도 당한

6 **robot** ['rəʊbɒt] 로봇

9 **rock** [rɒk] 바위

1 rode [rəʊd] 탔다

30 **role** [rəʊl] 역할
roller 롤러 rolling 구르는

1 romantic [rəʊ'mæntɪk] 낭만적인

10 **Rome** [rəʊm] 로마 2단원
Roman 로마의

13 **room** [ruːm] 방

3 root [ru:t] 뿌리
rooted 뿌리박은
3 rose [rəuz] 장미
2 rotation [rəu'teɪʃn] 회전
1 *rote [rout] 기계적 암기
1 rotting ['rɒtɪŋ] 썩는
2 rough [rʌf] 거친
4 round [raund] 둥근
rounding 반올림하는
1 route [ru:t] 경로
5 **routine** [ru:'ti:n] 일상
3 row [rəu] 줄
1 royalty ['rɔɪəlti] 왕족
1 Rudolf ['ru:dɒlf] 루돌프 (이름)
1 ruin ['ru:ɪn] 파괴하다
20 **rule** [ru:l] 규칙 14단원
ruling 지배하는
2 *rumination [ˌru:mɪ'neɪʃn] 반추, 숙고
1 rumor ['ru:mər] 소문
28 **run** [rʌn] 달리다
runner 달리는 사람 running 달리기
run out 다 떨어지다 run out of ~이 다 떨어지다
9 **rural** ['ruərəl] 시골의
2 rush [rʌʃ] 서두르다
rushing 서두르는
1 Russian ['rʌʃn] 러시아의
1 sabotage ['sæbətɑ:ʒ] 방해
2 sacrifice ['sækrɪfaɪs] 희생
3 sad [sæd] 슬픈
4 safe [seɪf] 안전한
safely 안전하게
7 **safety** ['seɪfti] 안전
35 **said** [sed] 말했다
1 sail [seɪl] 항해하다
1 salami [sə'lɑ:mi] 살라미 소시지
1 salary ['sæləri] 급여
31 **sale** [seɪl] 판매 6단원
salesman 판매원 salespeople 판매원들
salesperson 판매원
2 *salient ['seɪliənt] 두드러진, 현저한
2 Salke [sælk] 살케 (이름)
5 **salmon** ['sæmən] 연어
10 **salt** [sɔ:lt] 소금
56 **same** [seɪm] 같은
2 sample ['sæmpl] 샘플
sampled 표본 추출된
4 *sanction ['sæŋkʃn] 제재, 승인
1 sandcastle ['sændkɑ:sl] 모래성
1 Sanjo ['sændʒəu] 산조 (한국의 전통 음악)
2 *sap [sæp] 수액, 원기

1 sapiens ['seɪpiənz] 사피엔스, 현인류의
4 *satiety [sə'taɪəti] 포만감, 만족
*sated 만족한, 배부른
5 **satellite** ['sætəlaɪt] 위성
10 **satisfy** ['sætɪsfaɪ] 만족시키다
satisfaction 만족 satisfied 만족한
satisfying 만족스러운
6 **Saturday** ['sætərdeɪ] 토요일
6 **satyr** ['sætər] 사티로스 (그리스 신화의 반인반수)
1 Saudi ['saudi] 사우디의
4 save [seɪv] 저장하다
saving 절약
19 **saw** [sɔ:] 보았다
60 **say** [seɪ] 말하다
saying 말하기
4 scale [skeɪl] 규모
1 scan [skæn] 스캔하다
1 scarcely ['skeərsli] 거의 ~않다
3 scared [skerd] 무서워하는
scare 겁주다
1 scarf [skɑ:rf] 스카프
2 *scarp [skɑ:rp] 절벽, 급경사
2 scattered ['skætərd] 흩어진
2 scenario [sɪ'nɑ:riəu] 시나리오
5 **scene** [si:n] 장면
1 scent [sent] 향기
3 schedule ['ʃedju:l] 일정 2단원
scheduled 예정된
5 **schemata** [skɪ'mɑ:tə] 도식
4 scheme [ski:m] 계획
schematic 도식적인
2 scholar ['skɒlər] 학자
49 **school** [sku:l] 학교
preschooler 취학 전 아동 schooler 학생
150 **science** ['saɪəns] 과학 15단원
scientific 과학적인 nonscientific 비과학적인
scientism 과학주의 scientist 과학자
1 scope [skəup] 범위
5 ***score** [skɔ:r] 점수
1 scream [skri:m] 비명을 지르다
4 screen [skri:n] 화면
2 script [skrɪpt] 대본
2 scroll [skrəul] 스크롤
1 scrutiny ['skru:təni] 정밀 조사
4 sculpture ['skʌlptʃər] 조각 6단원
sculptor 조각가 sculpted 조각된
12 **sea** [si:] 바다
1 seaport ['si:pɔ:rt] 항구
27 **search** [sɜ:rtʃ] 검색
searching 검색하는
6 **season** ['si:zn] 계절

6 **seat** [siːt] 좌석
seated 앉은
3 seaworld ['siːwɜːrld] 씨월드
23 **second** ['sekənd] 두 번째
4 secret ['siːkrət] 비밀
secretly 비밀리에
1 sector ['sektər] 부문
6 **secure** [sɪ'kjʊər] 안전한
security 보안
64 **see** [siː] 보다
seeing 보는 overseeing 감독하는 seen 본
8 **seed** [siːd] 씨앗
11 **seek** [siːk] 찾다
seeking 찾는
39 **seem** [siːm] ~인 것 같다
seemed 보였다
11 **seemingly** ['siːmɪŋli] 겉보기에 6,9,12,17단원
seeming 겉보기에는
2 *segregation [ˌsegrɪ'geɪʃn] 분리, 격리
2 seldom ['seldəm] 좀처럼 ~않다
17 **select** [sɪ'lekt] 선택하다
preselected 사전 선택된 selected 선택된
selection 선택 selective 선택적인
19 **self** [self] 자아
selfhood 자아
12 **sell** [sel] 팔다
seller 판매자 selling 판매하는 sellout 매진
1 semester [sɪ'mestər] 학기
2 seminar ['semɪnɑːr] 세미나
10 **send** [send] 보내다
sending 보내는
1 senior ['siːniər] 선배
2 sensation [sen'seɪʃn] 감각
sensational 선정적인
48 **sense** [sens] 감각
nonsense 무의미 nonsensical 말도 안 되는
sensed 감지된 sensemaking 의미 만들기
sensible 분별 있는 sensing 감지하는
sensitive 민감한 sensory 감각의
2 sent [sent] 보냈다
3 sentence ['sentəns] 문장 3단원
3 sentiment ['sentɪmənt] 정서, 감상
12 **separate** ['sepəreɪt] 분리하다
separated 분리된 separating 분리하는
separation 분리
3 sequence ['siːkwəns] 순서
4 series ['sɪəriːz] 시리즈, 연속된 것
10 **serious** ['sɪəriəs] 심각한
seriously 심각하게
14 **serve** [sɜːrv] 제공하다 2단원
serving 제공하는
22 **service** ['sɜːrvɪs] 서비스 9단원
servicing 서비스 제공
2 session ['seʃn] 세션

22 **set** [set] 설정하다
set aside 따로 두다 set forth 제시하다
set out 시작하다 set up 설립하다
9 **setting** ['setɪŋ] 배경
7 **settle** ['setl] 정착하다
settled 정착한 settlement 정착
4 seven ['sevn] 7의
2 seventeen [ˌsevn'tiːn] 17의
seventeenthcentury 17세기의
1 seventy ['sevnti] 70의
10 **several** ['sevrəl] 여러
2 *severance ['sevərəns] 단절, 해고
3 severe [sɪ'vɪər] 심각한
1 severity [sɪ'verəti] 심각성
2 shade [ʃeɪd] 그늘
shaded 그늘진
2 shadow ['ʃædəʊ] 그림자
overshadowed 가려진
5 **shake** [ʃeɪk] 흔들다
shaking 흔들리는 shaky 불안정한
1 Shakespeare ['ʃeɪkspɪər] 셰익스피어 (이름)
1 shame [ʃeɪm] 수치
15 **shape** [ʃeɪp] 모양
shaped 형성된
44 **share** [ʃer] 공유하다
shared 공유된 sharing 공유하는
7 **sharp** [ʃɑːrp] 날카로운 1단원
sharpener 연필깎이 sharply 날카롭게
98 **she** [ʃiː] 그녀
1 sheep [ʃiːp] 양
1 sheet [ʃiːts] 시트, (얇은 것) 한 장
7 **shelf** [ʃelf] 선반 6단원
shelves 선반들
4 shelter ['ʃeltər] 대피소
8 **shift** [ʃɪft] 이동
8 **ship** [ʃɪp] 배
shipping 선적 shipwrecked 난파된
4 shirt [ʃɜːrt] 셔츠
2 *shiver ['ʃɪvər] 떨다, 오싹하다
shivering 떨리는
2 shoes [ʃuːz] 신발
1 shoot [ʃuːt] 쏘다
4 shop [ʃɒp] 가게
workshop 워크숍
3 shore [ʃɔːr] 해안
shoreline 해안선
16 **short** [ʃɔːrt] 짧은
shortcoming 단점 shortcut 지름길
shortened 축소된 shortening 단축
shorter 더 짧은 shortly 곧
1 shot [ʃɒt] 사격 6단원
57 **should** [ʃʊd] ~해야 한다
3 shoulder ['ʃəʊldər] 어깨

6 **shout** [ʃaʊt] 소리치다
shouting 소리치는 shouted 소리쳤다
1 shovel [ˈʃʌvl] 삽
52 **show** [ʃəʊ] 보여주다
showed 보여줬다 showing 보여주는
shown 보여진
2 shrink [ʃrɪŋk] 줄어들다
shrinking 줄어드는
1 shut [ʃʌt] 닫다
1 shuttlecock [ˈʃʌtlkɒk] 셔틀콕
1 shy [ʃaɪ] 수줍은
1 sibling [ˈsɪblɪŋ] 형제자매
3 sick [sɪk] 아픈
14 **side** [saɪd] 옆 3단원
sided 편든 sidestep 회피하다 sidewalk 보도
4 sigh [saɪ] 한숨 4단원
sighed 한숨 쉰
3 sight [saɪt] 시력
sighting 목격
15 **sign** [saɪn] 표시 4단원
signature 서명 signed 서명된
5 **signal** [ˈsɪgnəl] 신호
14 **significant** [sɪgˈnɪfɪkənt] 중요한
significantly 상당히 significance 중요성
4 silence [ˈsaɪləns] 침묵
5 **silent** [ˈsaɪlənt] 조용한
1 silhouette [ˌsɪluˈet] 실루엣
1 silk [sɪlk] 비단
3 silly [ˈsɪli] 어리석은
silliness 어리석음
19 **similar** [ˈsɪmələr] 비슷한 1단원
similarity 유사성 similarly 유사하게
45 **simply** [ˈsɪmpli] 단순히
simple 단순한 simplest 가장 단순한
simplicity 단순성 simplified 단순화된
oversimplified 지나치게 단순화된
5 **simultaneously** [ˌsɪmlˈteɪniəsli] 동시에
32 **since** [sɪns] ~이후로
7 **sincerely** [sɪnˈsɪrli] 진심으로
sincere 진실한
2 singer [ˈsɪŋər] 가수
sung (노래) 불린
13 **single** [ˈsɪŋgl] 단일의
single-copy 단일 복사
2 sink [sɪŋk] 싱크대, 가라앉다
sinking 가라앉는
1 siren [ˈsaɪrən] 사이렌
2 sister [ˈsɪstər] 자매
9 **sit** [sɪt] 앉다
sitting 앉아있는
8 **site** [saɪt] 장소
23 **situation** [ˌsɪtʃuˈeɪʃn] 상황
11 **six** [sɪks] 여섯인
1 sixteenth [sɪksˈtiːnθ] 16번째의
1 sixty [ˈsɪksti] 60의
20 **size** [saɪz] 크기
1 skateboard [ˈskeɪtbɔːrd] 스케이트보드
1 sketch [sketʃ] 스케치
1 skier [ˈskiːər] 스키 타는 사람들
17 **skill** [skɪl] 기술 14단원
skilled 숙련된
2 skin [skɪn] 피부
1 skip [skɪp] 건너뛰다
2 sky [skaɪ] 하늘
2 slang [slæŋ] 속어
3 sleep [sliːp] 잠
sleeping 자는
5 **sleepover** [ˈsliːpəʊvər] 외박
slept 잤다
2 slice [slaɪs] 조각
2 slide [slaɪd] 미끄러지다
slid 미끄러진
3 slightly [ˈslaɪtli] 약간
4 slip [slɪp] 미끄러지다 15단원
slippery 미끄러운 slipping 미끄러지는
6 **slope** [sləʊp] 경사 16단원
24 **slow** [sləʊ] 느린
slower 더 느린 slowing 늦추는 slowly 천천히
1 slum [slʌm] 빈민가
41 **small** [smɔːl] 작은
smaller 더 작은 smallest 가장 작은
2 smarter [ˈsmɑːrtər] 더 똑똑한
7 **smartphone** [ˈsmɑːrtfəʊn] 스마트폰
5 **smell** [smel] 냄새
17 **smile** [smaɪl] 미소
smiled 미소 지은 smiling 미소 짓는
3 smoke [sməʊk] 연기
smoking 흡연
3 smooth [smuːð] 부드러운
5 **snack** [snæk] 간식
1 snail [sneɪl] 달팽이
7 **snake** [sneɪk] 뱀
1 snapped [snæpt] 찰칵 소리를 냈다
2 *sneak [sniːk] 몰래 들어가다, 살금살금 가다
sneaking 몰래 하는
1 snorkeling [ˈsnɔːrkəlɪŋ] 스노클링
3 snow [snəʊ] 눈
5 **SNS** [ˌes en ˈes] 소셜 네트워크 서비스
108 **so** [səʊ] 그래서
2 soak [səʊk] 적시다
1 soar [sɔːr] 치솟다
1 soccer [ˈsɒkər] 축구
71 **social** [ˈsəʊʃl] 사회적인

socially 사회적으로
socioeconomic 사회경제적인
sociocultural 사회문화적인 socio 사회의

24 **society** [sə'saɪəti] 사회
societal 사회의

3 sociology [ˌsəʊsi'ɒlədʒi] 사회학
sociologist 사회학자

1 software ['sɒftweər] 소프트웨어

6 **soil** [sɔɪl] 흙

3 solar ['səʊlər] 태양의

2 sold [səʊld] 팔았다

1 soldier ['səʊldʒər] 군인

5 **sole** [səʊl] 유일한
solely 오직

2 solid ['sɒlɪd] 단단한

8 **solution** [sə'luːʃn] 해결책 13단원

12 **solve** [sɒlv] 해결하다
solving 해결하는

179 **some** [sʌm] 어떤 16단원
somehow 어떻게든 someone 누군가
something 무언가 sometimes 때때로
somewhat 다소 somewhere 어딘가

2 son [sʌn] 아들

4 song [sɒŋ] 노래

13 **soon** [suːn] 곧
sooner 더 빨리

1 soothe [suːð] 달래다

2 sophisticated [sə'fɪstɪkeɪtɪd] 정교한
sophistication 세련됨

1 sorrowful ['sɒrəʊfl] 슬픈 10단원

3 sorry ['sɒri] 미안한

6 **sort** [sɔːrt] 종류 7단원
sorting 분류하는

2 sought [sɔːt] 찾았다

15 **sound** [saʊnd] 소리
sounding 들리는

2 soup [suːp] 수프

2 sour [saʊər] (맛이) 신
soured 시어진

23 **source** [sɔːrs] 출처, 원천

5 **south** [saʊθ] 남쪽

1 souvenir [ˌsuːvə'nɪər] 기념품

1 Soviet ['səʊviət] 소련(구 러시아)의

21 **space** [speɪs] 공간
workspace 작업 공간

1 spaghetti [spə'geti] 스파게티

4 Spain [speɪn] 스페인 (국가)

1 span [spæn] 기간

2 spare [sper] 여분의

1 sparingly ['sperɪŋli] 아껴서

4 spark [spɑːrk] 불꽃
sparked 불꽃을 일으킨

1 sparring ['spɑːrɪŋ] 스파링, 논쟁

4 spatial ['speɪʃl] 공간의

15 **speak** [spiːk] 말하다
speaking 말하는

1 spear [spɪər] 창

24 **special** ['speʃl] 특별한
specialist 전문가 specialized 전문화된
specially 특별히

23 **species** ['spiːʃiːz] 종 (생물 분류 단위) 12단원

26 **specific** [spə'sɪfɪk] 구체적인
specification 사양

2 spectator [spek'teɪtər] 관중

2 *speculation [ˌspekjə'leɪʃn] 추측, 투기

2 speech [spiːtʃ] 연설

16 **speed** [spiːd] 속도
speeding 과속

1 spell [spel] 철자를 쓰다

15 **spend** [spend] 쓰다
spending 지출 spent 소비한

4 *sperm [spɜːrm] 정자
sperm whale 향유고래

3 sphere [sfɪər] 구체

4 spider ['spaɪdər] 거미

1 spiking ['spaɪkɪŋ] 찌르듯 세게 치기 (배구 용어)

2 spill [spɪl] 엎지르다
spilling 흘리는

3 spin [spɪn] 회전하다
spinning 회전하는

4 *spine [spaɪn] 척추, 등뼈

3 spirit ['spɪrɪt] 정신
spirited 활기찬 spiritual 영적인

1 spite [spaɪt] 악의
in spite of ~에도 불구하고

3 *splash [splæʃ] 튀기다, 철벅거리다
splashing 튀기는

2 split [splɪt] 분열

2 spoil [spɔɪl] 망치다 14단원
spoiled 망친

2 spoke [spəʊk] 말했다
spoken 말해진

19 **sport** [spɔːrt] 스포츠
sporting 스포츠의

8 **spot** [spɒt] 장소 3단원
spotlight 스포트라이트 spotted 발견된

16 **spread** [spred] 퍼뜨리다
widespread 광범위한

2 spring [sprɪŋ] 봄
springing 튀어오르는

2 sprinting ['sprɪntɪŋ] 전력질주

1 square [skwer] 정사각형

1 squirrel ['skwɜːrəl] 다람쥐

8 **stable** ['steɪbl] 안정적인
stability 안정성 stabilize 안정화하다

stabilized 안정화된
1 stack [stæk] 쌓다
2 staff [stæf] 직원
13 **stage** [steɪdʒ] 무대
2 stairs [sterz] 계단
1 stake [steɪk] 말뚝
1 stale [steɪl] 신선하지 않은
1 stamped [stæmpt] 도장 찍힌 2단원
1 stance [stæns] 자세
13 **stand** [stænd] 서다
standing 서있는
stand out 두드러지다
11 **standard** ['stændərd] 표준 14단원
3 *staple ['steɪpl] 주요한, 주식
2 star [stɑːr] 별
37 **start** [stɑːrt] 시작하다
started 시작된 starting 시작하는
3 starving ['stɑːrvɪŋ] 굶주린
starvation 기아
21 **state** [steɪt] 상태 7단원
stated 진술된 overstated 과장된
statement 진술
1 static ['stætɪk] 정적인
4 station ['steɪʃn] 역
1 stationery ['steɪʃəneri] 문구류
1 statistics [stə'tɪstɪks] 통계
2 *stature ['stætʃər] 키, 명성
10 **status** ['steɪtəs] 상태
7 **stay** [steɪ] 머무르다
stayed 머물렀다
3 steady ['stedi] 안정된
steadily 꾸준히
2 steep [stiːp] 가파른
1 stem [stem] 줄기
21 **step** [step] 걸음 4단원
sidestep 회피하다 stepped 걸어간
stepping 걸어가는
5 **stick** [stɪk] 막대기
nonstick 들러붙지 않는 sticking 들러붙는
24 **still** [stɪl] 여전히
stillness 정적
4 stimulate ['stɪmjuleɪt] 자극하다
stimulating 자극하는 stimuli 자극
2 sting [stɪŋ] 찌르다
stinging 찌르는
1 stir [stɜːr] 젓다
5 **stock** [stɒk] 재고
8 **stone** [stəʊn] 돌
5 **stood** [stʊd] 서 있었다 3단원
25 **stop** [stɒp] 멈추다
stopped 멈춘 stopping 멈추는
4 store [stɔːr] 저장하다
storing 저장하는 storability 저장성
1 storm [stɔːrm] 폭풍
23 **story** ['stɔːri] 이야기
2 straightforward [ˌstreɪt'fɔːrwərd] 간단한
1 stranger ['streɪndʒər] 낯선 사람
10 **strategy** ['strætədʒi] 전략 17단원
strategic 전략적인 strategist 전략가
3 straw [strɔː] 빨대
1 strawberry ['strɔːberi] 딸기
13 **street** [striːt] 거리
14 **strength** [streŋθ] 힘
strengthen 강화하다 strengthened 강화된
strengthening 강화하는
13 **stress** [stres] 스트레스
stressed 스트레스 받은 stressful 스트레스 많은
4 stretch [stretʃ] 늘이다 15단원
stretched 늘어난
5 **strict** [strɪkt] 엄격한 8단원
stricter 더 엄격한 strictly 엄격하게
2 stride [straɪd] 큰 걸음, 성큼성큼 걷다
6 **strike** [straɪk] 치다
striking 인상적인
1 string [strɪŋ] 줄
3 strip [strɪp] 벗기다
stripped 벗겨진
4 stroke [strəʊk] 뇌졸중
12 **strong** [strɒŋ] 강한
stronger 더 강한 strongest 가장 강한
strongly 강하게
14 **structure** ['strʌktʃər] 구조
overstructuring 과도한 구조화
structural 구조적인 structured 구조화된
structuring 구조화하는
8 **struggle** ['strʌgl] 투쟁
struggled 고군분투한 struggling 고군분투하는
2 stuck [stʌk] 갇힌
48 **student** ['stjuːdnt] 학생
38 **study** ['stʌdi] 공부하다
studied 공부한 studying 공부하는
1 stuff [stʌf] 물건
5 **style** [staɪl] 스타일 2단원
styling 스타일링

78 **sub** [sʌb] 보조의
2 subconsciously [sʌb'kɒnʃəsli] 무의식적으로
1 subdivision [ˌsʌbdɪ'vɪʒn] 세분화
1 subhourly [sʌb'aʊərli] 한 시간 이내의
31 **subject** ['sʌbdʒɪkt] 주제 10단원
subjective 주관적인 subjectivity 주관성
1 submerged [səb'mɜːrdʒd] 잠긴
9 **submit** [səb'mɪt] 제출하다
submission 제출 submitted 제출된
2 *suboptimal [sʌb'ɑːptɪməl] 차선의, 최적이 아닌
3 subordinate [sə'bɔːrdɪnət] 부하의

6 **subscribe** [səb'skraɪb] 구독하다
subscription 구독

2 subsequently ['sʌbsɪkwəntli] 그 후에

2 *subservient [səb'sɜːrviənt] 종속적인, 비굴한

2 *subsidy ['sʌbsədi] 보조금, 장려금

2 substance ['sʌbstəns] 물질

1 substandard [ˌsʌb'stændərd] 표준 이하의

5 **substantial** [səb'stænʃl] 상당한
substantially 상당히

3 substitute ['sʌbstɪtjuːt] 대체하다
substituted 대체된 substituting 대체하는

2 *subsume [səb'suːm] 포함하다, 함께 묶다
subsuming 포함하는

1 subtle ['sʌtl] 미묘한

3 suburb ['sʌbɜːrb] 교외

7 **succeed** [sək'siːd] 성공하다
succeeded 성공한

38 **success** [sək'ses] 성공
successful 성공적인 successfully 성공적으로

1 successive [sək'sesɪv] 연속적인

83 **such** [sʌtʃ] 그러한

1 suckling ['sʌklɪŋ] 젖먹이

10 **sudden** ['sʌdn] 갑작스러운
suddenly 갑자기

8 **suffer** ['sʌfər] 고통받다 15단원
suffering 고통

8 **sufficient** [sə'fɪʃnt] 충분한

2 *suffragette [ˌsʌfrə'dʒet] 여성 참정권 운동가

2 sugar ['ʃʊgər] 설탕

27 **suggest** [sə'dʒest] 제안하다 8단원
suggested 제안된 suggesting 제안하는
suggestion 제안

1 suggestive [sə'dʒestɪv] 암시적인

8 **suit** [suːt] 정장 11단원
suitable 적합한 suited 적합한

1 summarize ['sʌməraɪz] 요약하다

3 summer ['sʌmər] 여름

2 summit ['sʌmɪt] 정상

10 **sun** [sʌn] 태양
sunlight 햇빛 sunrise 일출
sunscreen 자외선 차단제

2 Sunday ['sʌndeɪ] 일요일

1 superconductor [ˌsuːpərkən'dʌktər] 초전도체

2 superficial [ˌsuːpər'fɪʃl] 피상적인

2 superior [suː'pɪəriər] 우수한

4 supermarket ['suːpərmɑːrkɪt] 슈퍼마켓

1 supernaturalistic [ˌsuːpərnætʃrə'lɪstɪk]
초자연주의적인

10 **supply** [sə'plaɪ] 공급하다
supplied 공급된

16 **support** [sə'pɔːrt] 지원하다
supportable 지지할 수 있는 supported 지원된
supporter 지지자

7 **suppose** [sə'pəʊz] 가정하다
presuppose 전제하다 supposed 가정된
supposedly 아마도

3 suppress [sə'pres] 억압하다
suppression 억제

11 **sure** [ʃʊər] 확실한 5단원
surely 확실히

8 **surface** ['sɜːrfɪs] 표면

2 surfing ['sɜːrfɪŋ] 서핑
surfboard 서핑보드

1 surpass [sər'pæs] 능가하다

21 **surprise** [sər'praɪz] 놀라움
surprised 놀란 surprising 놀라운
surprisingly 놀랍게도

2 surrender [sə'rendər] 항복하다

5 **surround** [sə'raʊnd] 둘러싸다
surrounded 둘러싸인 surrounding 주변의

4 survey ['sɜːrveɪ] 설문조사
surveyed 조사된

15 **survival** [sər'vaɪvl] 생존
survivability 생존 가능성 survive 생존하다
survived 생존한 survivorship 생존자 자격

1 suspect [sə'spekt] 의심하다

1 suspicion [sə'spɪʃn] 의심

4 sustainable [sə'steɪnəbl] 지속 가능한
sustain 유지하다 sustainability 지속가능성

1 swallow ['swɒləʊ] 삼키다

1 swam [swæm] 수영했다

1 *swath [swɑːθ] 넓은 띠, 한 줄기

2 sweater ['swetər] 스웨터, 두꺼운 털옷

2 Sweden ['swiːdn] 스웨덴 (국가)
Swedish 스웨덴의

8 **sweet** [swiːt] 달콤한 15단원
sweetness 달콤함

2 swell [swel] 부풀다
swelling 부어오르는

1 swept [swept] 쓸었다 10단원

6 **swimming** ['swɪmɪŋ] 수영
swimmer 수영하는 사람

4 swing [swɪŋ] 그네
swung 흔들린

2 *swipe [swaɪp] 훔치다, 휙 지나가다

1 swiss [swɪs] 스위스의

5 **switch** [swɪtʃ] 전환하다
switched 전환된

2 *swoop [swuːp] 급습하다, 내리꽂히다

1 sword [sɔːrd] 검

7 **symbol** ['sɪmbl] 상징
symbolic 상징적인 symbolically 상징적으로

1 sympathetic [ˌsɪmpə'θetɪk] 동정적인

1 symptom ['sɪmptəm] 증상 8단원

1 synaptic [sɪ'næptɪk] 시냅스의

2 *synchronously ['sɪŋkrənəsli] 동시에 하도록
31 **system** ['sɪstəm] 시스템
systematization 체계화 systematize 체계화하다
2 table ['teɪbl] 탁자
2 tablet ['tæblət] (나무나 돌의) 판 8단원
1 tackle ['tækl] 다루다
3 tactical ['tæktɪkl] 전술적인
tactically 전술적으로 tactics 전술
3 taekwondo [ˌtaɪkwɒn'dəʊ] 태권도
2 tail [teɪl] 꼬리
3 Taiwan ['taɪwɒn] 대만 (국가)
69 **take** [teɪk] 가져가다
overtaken 추월된 taken 취해진 taking 취하는
take advantage of ~을 이용하다
take into account 고려하다
take into consideration 고려하다
take off 벗다
take on 맡다
take over 인수하다
take part in 참가하다
take place 일어나다
2 tale [teɪl] 이야기
10 **talent** ['tælənt] 재능
talented 재능 있는
13 **talk** [tɔːk] 말하다
talked 이야기한 talking 말하는
1 tall [tɔːl] 키가 큰
1 tango ['tæŋgəʊ] 탱고 (스페인의 춤)
1 Tanzania [ˌtænzə'niːə] 탄자니아 (국가)
2 tap [tæp] 두드리다 17단원
tapping 두드리는
2 target ['tɑːrgɪt] 목표
targeted 목표로 삼은
14 **task** [tɑːsk] 과제
7 **taste** [teɪst] 맛
9 **taught** [tɔːt] 가르쳤다
11 **tax** [tæks] 세금 1단원
taxing 부담되는 taxpayer 납세자
7 **tea** [tiː] 차
40 **teach** [tiːtʃ] 가르치다
teacher 교사 teaching 가르치는
28 **team** [tiːm] 팀 5,14단원
teammate 팀원 teamwork 팀워크
1 tear [tɪər] 눈물
1 tease [tiːz] 놀리다
2 tech [tek] 기술 16단원
13 **technical** ['teknɪkl] 기술적인
technically 기술적으로 technique 기술
41 **technology** [tek'nɒlədʒi] 기술 16단원
technologist 기술자
7 **teen** [tiːn] 십대
teenager 십대
3 telephone ['telɪfəʊn] 전화
telephony 전화 통신
9 **television** ['telɪvɪʒn] 텔레비전
televised 텔레비전으로 방송된
22 **tell** [tel] 말하다
teller 말하는 사람 telling 말하는
1 temper ['tempər] 성질
5 **temperature** ['temprətʃər] 온도
2 temple ['templ] 사원
4 tempo ['tempəʊ] 속도
8 **temporal** ['tempərəl] 시간의
3 temporary ['tempəreri] 일시적인 11단원
temporarily 일시적으로
4 temporocentrism [ˌtempərəʊ'sentrɪzəm] 시간중심주의
4 tempt [tempt] 유혹하다 11단원
temptation 유혹 tempting 유혹하는
10 **ten** [ten] 10의
40 **tend** [tend] 경향이 있다 11,14,15,16단원
pretending 가장하는 tendency 경향
1 tender ['tendər] 부드러운
1 tennis ['tenɪs] 테니스
4 tension ['tenʃn] 긴장
24 **term** [tɜːrm] 용어
2 terminal ['tɜːrmɪnl] 공항, 말기의 17단원
1 terrible ['terəbl] 끔찍한
1 terrific [tə'rɪfɪk] 굉장한
1 terrifying ['terɪfaɪɪŋ] 무서운
2 territory ['terətɔːri] 영토
1 terrorist ['terərɪst] 테러리스트
9 **test** [test] 시험 14단원
testability 테스트 가능성 testing 테스트
2 *testimonial [ˌtestə'mouniəl] 증언, 추천서
10 **text** [tekst] 텍스트
1 textbook ['tekstbʊk] 교과서
1 textuality [teks'tʃuːəlɪti] 텍스트성
1 textured ['tekstʃərd] 질감 있는
1 Thailand ['taɪlænd] 태국 (국가)
158 **than** [ðæn] ~보다
8 **thank** [θæŋk] 감사하다
thanked 감사를 표한
713 **that** [ðæt] 저 (것)
3083 **the** [ðə] 그
6 **theater** ['θiːətər] 극장
theatre 극장 theatrical 연극의
244 **their** [ðer] 그들의
128 **them** [ðem] 그들을
themselves 그들 자신
7 **theme** [θiːm] 주제
65 **then** [ðen] 그때
30 **theory** ['θɪəri] 이론 12단원
theoretical 이론적인 theoretically 이론적으로
theorist 이론가

1 therapist ['θerəpɪst] 치료사
95 there [ðer] 거기에
2 thereby [,ðer'baɪ] 그렇게 함으로써
24 therefore ['ðerfɔːr] 따라서
78 these [ðiːz] 이것들
312 they [ðeɪ] 그들
1 thin [θɪn] 얇은
34 thing [θɪŋ] 물건 15단원
things 상황, 물건들
50 think [θɪŋk] 생각하다
thinking 생각하는
4 third [θɜːrd] 세 번째
1 thirteen [,θɜːr'tiːn] 13의
1 thirty ['θɜːrti] 30의
244 this [ðɪs] 이 (것)
3 thorough ['θʌrə] 철저한
thoroughly 철저히
80 those [ðəʊz] 저 (것)들
12 though [ðəʊ] 비록 ~일지라도
27 thought [θɔːt] 생각
thoughtful 사려 깊은
5 thousand ['θaʊznd] 1,000의
9 threat [θret] 위협 4단원
threaten 위협하다 threatened 위협받은
threatening 위협하는
27 three [θriː] 셋의
3 threw [θruː] 던졌다
8 thrill [θrɪl] 전율
thrilled 흥분한 thrilling 흥미진진한
1 throat [θrəʊt] 목구멍
42 through [θruː] 통해 13단원
9 throughout [θruː'aʊt] ~에 걸쳐
8 throw [θrəʊ] 던지다
throwing 던지는 thrown 던져진
1 thundering ['θʌndərɪŋ] 천둥치는
35 thus [ðʌs] 따라서
5 Tibet [tɪ'bet] 티베트 (국가) 3단원
Tibetan 티베트의
7 ticket ['tɪkɪt] 표
6 tie [taɪ] 묶다
tied 묶인
2 tiger ['taɪgər] 호랑이
3 tight [taɪt] 꽉 끼는
tightening 꽉 조이는
2 till [tɪl] ~까지
3 *timber ['tɪmbər] 목재 9단원
188 time [taɪm] 시간, 횟수, 때 3단원
time-consuming 시간이 많이 걸리는
lifetime 평생 timely 시기적절한
timepiece 시계 times 시대, 때, 횟수
time-varying 시간에 따라 변하는 timing 타이밍
2 tiny ['taɪni] 아주 작은

4 tip [tɪp] 끝 부분, 봉사료
4 tired ['taɪərd] 피곤한
tire 피곤하게 하다, (차량의) 타이어
2 tissue ['tɪʃuː] 화장지, (세포의) 조직 8단원
1617 to [tuː] ~로
2 tobacco [tə'bækəʊ] 담배
23 today [tə'deɪ] 오늘
16 together [tə'geðər] 함께
1 token ['təʊkən] 상징
7 told [təʊld] 말했다
1 tolerance ['tɒlərəns] 관용 11단원
3 Tolstoy ['tɒlstɔɪ] 톨스토이 (이름)
1 tomato [tə'meɪtəʊ] 토마토
1 tomb [tuːm] 무덤
2 tomorrow [tə'mɒrəʊ] 내일
6 tone [təʊn] 어조 13단원
2 tongue [tʌŋ] 혀
1 tonight [tə'naɪt] 오늘 밤
34 too [tuː] 또한
15 took [tʊk] 가져갔다
13 tool [tuːl] 도구
toolkit 도구 모음 toolmaker 도구 제작자
1 toon [tuːn] 만화
11 top [tɒp] 꼭대기 9단원
treetop 나무 꼭대기
4 topic ['tɒpɪk] 주제
3 topography [tə'pɒgrəfi] 지형
9 toss [tɒs] 던지다
tossed 던져진 tossing 던지는
20 total ['təʊtl] 전체의
totality 전체 totally 완전히
2 totemism ['təʊtəmɪzəm] 토템주의
12 touch [tʌtʃ] 만지다
touched 감동받은
4 tough [tʌf] 힘든
34 tour [tʊər] 여행
tourism 관광 overtourism 과잉 관광
tourist 관광객
2 tournament ['tʊənəmənt]
토너먼트 (진 편은 제외시키는 방식으로 경쟁하는 경기)
21 toward [tə'wɔːrd] ~을 향해
towards ~을 향하여
1 tower ['taʊər] 탑
7 town [taʊn] 마을
1 toxic ['tɒksɪk] 유독한
1 toxin ['tɒksɪn] 독소
7 toy [tɔɪ] 장난감
2 trace [treɪs] 흔적
10 track [træk] 길, 추적하다
tracking 추적

4 trade [treɪd] 무역
11 **traditional** [trəˈdɪʃənl] 전통적인 4단원
tradition 전통 traditionally 전통적으로
6 **traffic** [ˈtræfɪk] 교통 5단원
6 **tragedy** [ˈtrædʒədi] 비극
tragic 비극적인
1 trail [treɪl] 흔적
20 **train** [treɪn] 기차
trained 훈련된 trainer 트레이너 training 훈련
5 **trait** [treɪt] 특성
6 ***trajectory** [trəˈdʒektəri] 궤도
2 *tranquility [træŋˈkwɪləti] 평온, 고요
1 transaction [trænˈzækʃn] 거래
2 *transcend [trænˈsend] 초월하다, 능가하다
1 transcribe [trænˈskraɪb] 전사하다
6 **transform** [trænsˈfɔːrm] 변형하다
transformed 변형된 transforming 변형하는
1 transistor [trænˈzɪstər] 트랜지스터
4 transit [ˈtrænzɪt] 통과
transition 전환
3 translate [trænsˈleɪt] 번역하다
translated 번역된
1 transmission [trænzˈmɪʃn] 전송
4 transmitted [trænzˈmɪtɪd] 전송된
transmitting 전송하는
1 transnational [trænzˈnæʃnəl] 다국적의
6 **transportation** [ˌtrænspɔːrˈteɪʃn] 교통
transport 운송 transportability 운송 가능성
2 trap [træp] 덫
trapped 갇힌
2 trash [træʃ] 쓰레기
2 trauma [ˈtrɔːmə] 외상
traumatic 충격적인
16 **travel** [ˈtrævl] 여행하다
traveled 여행했다 traveling 여행하는
travelled 여행했다
3 treasure [ˈtreʒər] 보물
4 treatment [ˈtriːtmənt] 치료
treated 대우받은
10 **tree** [triː] 나무
treetop 나무 꼭대기
1 trek [trek] 긴 여행
1 trembling [ˈtremblɪŋ] 떨리는
2 tremendous [trɪˈmendəs] 엄청난
tremendously 엄청나게
4 trend [trend] 추세
3 trial [ˈtraɪəl] 시험
1 tribal [ˈtraɪbl] 부족의
1 tribesmen [ˈtraɪbzmən] 부족민
3 trick [trɪk] 속임수
tricked 속은
1 tricycle [ˈtraɪsɪkl] 세발자전거

1 trigger [ˈtrɪgər] 방아쇠
5 **trip** [trɪp] 여행
1 trivial [ˈtrɪviəl] 사소한
3 tropical [ˈtrɒpɪkl] 열대의
7 **trouble** [ˈtrʌbl] 문제 10단원
troubled 곤란한 troubling 걱정되는
1 troublemaker [ˈtrʌblˌmeɪkər] 말썽꾼
30 **true** [truː] 진실한
truly 진정으로
1 trunk [trʌŋk] 트렁크
16 **trust** [trʌst] 신뢰
trusted 신뢰받은 trusting 신뢰하는
trustworthy 신뢰할 수 있는
2 trustee [trʌˈstiː] 수탁자 6단원
12 **truth** [truːθ] 진실
truthful 진실한
29 **try** [traɪ] 시도하다
tried 시도한 trying 시도하는
1 tuition [tjuˈɪʃn] 수업료
1 tumbler [ˈtʌmblər] 텀블러
1 turbine [ˈtɜːrbaɪn] 터빈
2 *turmoil [ˈtɜːrmɔɪl] 혼란, 소동
26 **turn** [tɜːrn] 돌다 13단원
turned 돌린 turning 돌리는
turn down 거절하다
turn into ~으로 변하다
turn out ~인 것으로 밝혀지다
2 turnaround [ˈtɜːrnəraʊnd] 전환 10단원
4 turtle [ˈtɜːrtl] 거북이
3 tutor [ˈtjuːtər] 가정교사
tutoring 개인 교습
3 TV [ˌtiː ˈviː] 텔레비전
7 **twenty** [ˈtwenti] 20의
twentieth 20번째 twentiethcentury 20세기
6 **twice** [twaɪs] 두 번
4 twin [twɪn] 쌍둥이
twinned 쌍둥이가 된
3 twist [twɪst] 비틀다
49 **two** [tuː] 2의
19 **type** [taɪp] 유형
20 **typical** [ˈtɪpɪkl] 전형적인
typically 일반적으로
1 ubiquitous [juːˈbɪkwɪtəs] 어디에나 있는
2 UK [ˌjuː ˈkeɪ] 영국 (국가)
7 **ultimate** [ˈʌltɪmət] 궁극적인 14단원
ultimately 궁극적으로
2 umbrella [ʌmˈbrelə] 우산 10단원
2 unable [ʌnˈeɪbl] 할 수 없는
1 unaffected [ˌʌnəˈfektɪd] 영향 받지 않은
1 unambiguous [ˌʌnæmˈbɪgjuəs] 명확한
1 unanswered [ʌnˈɑːnsərd] 대답되지 않은
1 unattractive [ˌʌnəˈtræktɪv] 매력 없는

1 unavoidable [ˌʌnəˈvɔɪdəbl] 피할 수 없는 11단원
9 **unbalance** [ʌnˈbæləns] 불균형 15단원
1 unbearable [ʌnˈberəbl] 참을 수 없는
1 unborn [ˌʌnˈbɔːrn] 태어나지 않은
9 **uncertain** [ʌnˈsɜːrtn] 불확실한 6단원
uncertainty 불확실성
1 uncharacteristic [ˌʌnkærɪktəˈrɪstɪk] 특징적이지 않은
2 uncomfortable [ʌnˈkʌmftəbl] 불편한
1 uncommon [ʌnˈkɒmən] 흔하지 않은
1 uncomplaining [ˌʌnkəmˈpleɪnɪŋ] 불평하지 않는
1 unconcerned [ˌʌnkənˈsɜːrnd] 무관심한
3 unconscious [ʌnˈkɒnʃəs] 무의식의
unconsciously 무의식적으로
3 uncovering [ʌnˈkʌvərɪŋ] 밝혀내는
15 **under** [ˈʌndər] ~의 아래에
1 underestimated [ˌʌndərˈestɪmeɪtɪd] 과소평가된
5 **underly** [ˌʌndərˈlaɪ] 기초가 되다
underlying 근본적인
4 undermine [ˌʌndərˈmaɪn] 약화시키다
1 underprivileged [ˌʌndərˈprɪvəlɪdʒd] 불우한
1 underrepresented [ˌʌndərˌreprɪˈzentɪd] 불충분하게 표시된
39 **understand** [ˌʌndərˈstænd] 이해하다
understandable 이해할 만한
understandably 이해할 만하게
understanding 이해
2 undertaking [ˌʌndərˈteɪkɪŋ] 사업
undertaken 착수한
6 **underwater** [ˌʌndərˈwɔːtər] 수중의
1 underwent [ˌʌndərˈwent] 겪었다
1 undeserved [ˌʌndɪˈzɜːrvd] 부당한
2 undesirable [ˌʌndɪˈzaɪərəbl] 바람직하지 않은
1 undoubtedly [ʌnˈdaʊtɪdli] 의심할 여지없이
2 uneasiness [ʌnˈiːzinəs] 불안 10단원
uneasily 불안하게
2 uneaten [ʌnˈiːtn] 먹지 않은
1 unedited [ˌʌnˈedɪtɪd] 편집되지 않은
1 uneducated [ʌnˈedʒukeɪtɪd] 교육받지 못한
1 unemployment [ˌʌnɪmˈplɔɪmənt] 실업
2 unending [ʌnˈendɪŋ] 끝없는
7 **unexpected** [ˌʌnɪkˈspektɪd] 예상치 못한
unexpectedly 예상치 못하게
1 unfair [ˌʌnˈfer] 불공정한
5 **unfamiliar** [ˌʌnfəˈmɪliər] 낯선
1 unfiltered [ʌnˈfɪltərd] 여과되지 않은 16단원
1 unfit [ʌnˈfɪt] 부적합한
3 unfortunately [ʌnˈfɔːrtʃənətli] 불행히도
2 unhappy [ʌnˈhæpi] 불행한
1 unification [ˌjuːnɪfɪˈkeɪʃn] 통일
3 uniform [ˈjuːnɪfɔːrm] 제복
1 unifying [ˈjuːnɪfaɪɪŋ] 통일하는
1 unimaginable [ˌʌnɪˈmædʒɪnəbl] 상상할 수 없는
1 unintended [ˌʌnɪnˈtendɪd] 의도하지 않은
7 **union** [ˈjuːniən] 연합
unionism 노동조합주의
12 **unique** [juːˈniːk] 독특한
uniquely 독특하게
12 **unit** [ˈjuːnɪt] 단위 6단원
7 **unite** [juːˈnaɪt] 연합하다
united 통합된 unity 단결
11 **universe** [ˈjuːnɪvɜːrs] 우주
universal 보편적인
21 **university** [ˌjuːnɪˈvɜːrsəti] 대학교
1 unjustified [ʌnˈdʒʌstɪfaɪd] 정당화되지 않은
6 **unknown** [ˌʌnˈnəʊn] 알려지지 않은
1 unlearned [ʌnˈlɜːrnd] 배우지 않은
4 unless [ənˈles] ~하지 않는 한
1 unlettered [ʌnˈletərd] 무학의
8 **unlike** [ʌnˈlaɪk] ~와 달리
unlikely 가능성이 없는
3 unload [ʌnˈləʊd] 하역하다
unloading 하역
1 unlocking [ʌnˈlɒkɪŋ] 잠금 해제
1 unmasking [ʌnˈmɑːskɪŋ] 정체를 밝히는
1 unmoved [ˌʌnˈmuːvd] 감동하지 않은
1 unmusical [ʌnˈmjuːzɪkl] 음악적이지 않은
2 unnecessary [ʌnˈnesəseri] 불필요한
2 unnotice [ʌnˈnəʊtɪs] 알아차리지 못하다
unnoticeably 눈에 띄지 않게
2 *unobtrusive [ˌʌnəbˈtruːsɪv] 눈에 띄지 않는
1 unoccupied [ʌnˈɒkjupaɪd] 비어 있는
1 unorganized [ʌnˈɔːrgənaɪzd] 조직화되지 않은
1 unparalleled [ʌnˈpærəleld] 비할 데 없는 17단원
2 unplayable [ʌnˈpleɪəbl] 연주할 수 없는
2 unpleasant [ʌnˈpleznt] 불쾌한
unpleasantry 불쾌함
1 unreasonable [ʌnˈriːznəbl] 불합리한
1 unrelated [ˌʌnrɪˈleɪtɪd] 관련 없는
1 unrivaled [ʌnˈraɪvəld] 견줄 데 없는 6단원
1 unsatisfactory [ˌʌnsætɪsˈfæktəri] 불만족스러운 3단원
2 unsuccessful [ˌʌnsəkˈsesfl] 성공하지 못한
1 unsuited [ˌʌnˈsuːtɪd] 부적합한
1 unsure [ˌʌnˈʃʊər] 확신하지 못하는 16단원
2 unsustainable [ˌʌnsəˈsteɪnəbl] 지속 불가능한
17 **until** [ənˈtɪl] ~까지
1 untold [ʌnˈtəʊld] 말하지 않은
1 untouched [ʌnˈtʌtʃt] 손대지 않은
1 untreated [ˌʌnˈtriːtɪd] 처리되지 않은

4 unusual [ʌn'juːʒuəl] 특이한
unusually 이례적으로

1 unwilling [ʌn'wɪlɪŋ] 꺼리는

77 **up** [ʌp] 위로 6,8,13단원

1 upcoming ['ʌp,kʌmɪŋ] 다가오는

3 update [ʌp'deɪt] 업데이트하다
updated 업데이트된

2 *upfront [,ʌp'frʌnt] 선불의, 솔직한

2 uphold [ʌp'həʊld] 지지하다
upheld 지지된

2 upload ['ʌpləʊd] 업로드하다
uploaded 업로드된

9 **upon** [ə'pɒn] ~위에

1 upright ['ʌpraɪt] 똑바로 선

3 upset [ʌp'set] 화난
upsetting 속상하게 하는

1 upside ['ʌpsaɪd] 윗면

1 upstream [,ʌp'striːm] 상류로

7 **urban** ['ɜːrbən] 도시의

2 urged [ɜːrdʒd] 촉구된 3단원
urging 촉구하는

3 urgent ['ɜːrdʒənt] 긴급한

81 **us** [ʌs] 우리를

175 **use** [juːz] 사용하다
usage 사용 used 사용된 useful 유용한
user 사용자 using 사용하는

18 **usually** ['juːʒuəli] 보통
usual 평소의

1 utilitarian [,juːtɪlɪ'teriən] 실용적인

1 utility [juː'tɪləti] 유용성

1 utopian [juː'təʊpiən] 이상적인

1 uttering ['ʌtərɪŋ] 말하는

1 vaccine [væk'siːn] 백신

5 **vague** [veɪg] 모호한
vaguely 모호하게

1 vain [veɪn] 헛된

2 valid ['vælɪd] 유효한

4 valley ['væli] 계곡

41 **value** ['væljuː] 가치
valuable 가치 있는 valued 가치 있는

1 van [væn] 밴

42 **vary** ['veri] 다양하다 10단원
time-varying 시간에 따라 변하는
variance 분산 variation 변화 varied 다양한
varieties 다양성 various 다양한

7 **vast** [væst] 광대한 4단원
vastly 광대하게

1 vegetarian [,vedʒə'teriən] 채식주의자

7 **vehicle** ['viːəkl] 차량 11단원

1 veil [veɪl] 베일

1 Venezuela [,venə'zweɪlə] 베네수엘라 (국가)

2 venture ['ventʃər] 모험 4단원
ventured 모험한

4 verbal ['vɜːrbl] 언어의

1 verdict ['vɜːrdɪkt] 평결

2 *verification [,verɪfɪ'keɪʃn] 검증, 입증

2 versa ['vɜːrsə] 반대로
vice versa 반대도 마찬가지로

3 version ['vɜːrʒn] 버전

48 **very** ['veri] 매우

2 via ['vaɪə] 경유하여

1 vibrant ['vaɪbrənt] 활기찬

1 vibration [vaɪ'breɪʃn] 진동

3 vice [vaɪs] 부
vicious 악의적인

2 *vicissitude [vɪ'sɪsɪtuːd] 변천, 부침

3 victim ['vɪktɪm] 희생자

2 Victoria [vɪk'tɔːriə] 빅토리아 (이름)
Victorian 빅토리아 시대의

16 **video** ['vɪdiəʊ] 비디오
videotape 비디오테이프

3 Vietnam [,vjet'nɑːm] 베트남 (국가)

47 **view** [vjuː] 보다 10단원
viewed 보여진 viewer 시청자 viewing 보는
viewpoint 관점 worldview 세계관

1 vigor ['vɪgər] 활력

3 village ['vɪlɪdʒ] 마을

4 violation [,vaɪə'leɪʃn] 위반
violate 위반하다

4 violent ['vaɪələnt] 폭력적인
violence 폭력

3 virtual ['vɜːrtʃuəl] 가상의
virtually 사실상

15 **visit** ['vɪzɪt] 방문하다
visiting 방문하는 visitor 방문자

24 **visual** ['vɪʒuəl] 시각적인
visible 보이는 vision 시력 visualize 시각화하다
visually 시각적으로

1 vital ['vaɪtl] 필수적인

1 vitamin ['vaɪtəmɪn] 비타민

2 vivid ['vɪvɪd] 생생한

1 vocabulary [və'kæbjələri] 어휘

16 **voice** [vɔɪs] 목소리

1 volcanic [vɒl'kænɪk] 화산의

5 **volleyball** ['vɒlibɔːl] 배구

3 volume ['vɒljuːm] 부피

10 **volunteer** [,vɒlən'tɪər] 자원봉사자
voluntary 자발적인 voluntarily 자발적으로
volunteered 자원한 volunteering 자원봉사

6 **vote** [vəʊt] 투표하다
voter 유권자

6 **vs** ['vɜːrsəs] 대
versus ~대

4 vulnerable ['vʌlnərəbl] 취약한

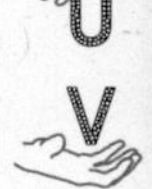

waggle

1 **waggle** ['wægl] 흔들다

15 **wait** [weɪt] 기다리다
waited 기다린 waiting 기다리는

2 waking ['weɪkɪŋ] 깨어나는

27 **walk** [wɔːk] 걷다
sidewalk 보도 walked 걸었다 walker 보행자
walking 걷는

5 **wall** [wɔːl] 벽

4 wander ['wɒndər] 돌아다니다
wandering 방황하는

40 **want** [wɒnt] 원하다
wanted 원하는 wanting 부족한

20 **war** [wɔːr] 전쟁

5 **warm** [wɔːrm] 따뜻한
warming 따뜻해지는

2 warn [wɔːrn] 경고하다
warning 경고

1 warranty ['wɔːrənti] 보증

304 **was** [wəz] ~(상태)였다

4 wash [wɒʃ] 씻다
washed 씻은 washing 씻는

7 **waste** [weɪst] 낭비하다
wasteful 낭비적인 wasteland 황무지

24 **watch** [wɒtʃ] 시계
watched 본 watching 보는

46 **water** ['wɔːtər] 물 15단원
watering 물을 주는

6 **wave** [weɪv] 파도

102 **way** [weɪ] 방법

224 **we** [wiː] 우리

8 **weak** [wiːk] 약한 14단원
weaken 약화시키다 weakened 약화된
weakness 약점

7 **wealth** [welθ] 부
wealthier 더 부유한 wealthy 부유한

1 weapon ['wepən] 무기

3 wear [wer] 착용하다
wearing 입고 있는

1 weather ['weðər] 날씨

3 web [web] 웹

15 **website** ['websaɪt] 웹사이트

3 webtoon ['webtuːn] 웹툰
webtoon-making 웹툰 제작

1 wedding ['wedɪŋ] 결혼식

1 Wednesday ['wenzdeɪ] 수요일

2 weed [wiːd] 잡초

13 **week** [wiːk] 주
weekly 주간의

2 weekday ['wiːkdeɪ] 평일

3 weekend [ˌwiːk'end] 주말

13 **weight** [weɪt] 무게
weigh 무게를 재다 weighing 무게를 재는

2 *weirdo ['wɪrdoʊ] 괴짜, 이상한 사람

2 welcome ['welkəm] 환영하다
welcomed 환영받은

1 welfare ['welfer] 복지

46 **well** [wel] 잘

12 **went** [went] 갔다

111 **were** [wər] ~(상태)였다

8 **west** [west] 서쪽
western 서양의

4 wet [wet] 젖은
wetland 습지

9 **whale** [weɪl] 고래

168 **what** [wɒt] 무엇
whatever 무엇이든

3 wheel [wiːl] 바퀴
wheeled 바퀴 달린 wheeling 바퀴로 움직이는

179 **when** [wen] 언제
whenever 언제든지

45 **where** [wer] 어디
whereabouts 소재 wherever 어디든지

4 whereas [wer'æz] 반면에

21 **whether** ['weðər] ~인지 아닌지 16단원

131 **which** [wɪtʃ] 어느

53 **while** [waɪl] 동안 16단원

1 whispered ['wɪspərd] 속삭인

10 **white** [waɪt] 하얀

127 **who** [huː] 누구
whoever 누구든지

13 **whole** [hoʊl] 전체의 15단원
wholly 전적으로

6 **whom** [huːm] 누구를

6 **whose** [huːz] 누구의

34 **why** [waɪ] 왜

3 wicked ['wɪkɪd] 사악한
wickedness 사악함

18 **wide** [waɪd] 넓은
widely 널리 widened 넓어진 wider 더 넓은
widespread 광범위한

11 **wild** [waɪld] 야생의
wilderness 황무지 wildlife 야생동물

191 **will** [wɪl] ~할 것이다, 의지, 유언
I'll 나는 ~할 것이다

2 willing ['wɪlɪŋ] 기꺼이 하는 9단원

8 **win** [wɪn] 이기다

9 **wind** [wɪnd] 바람

2 window ['wɪndoʊ] 창문

3 wine [waɪn] 와인

12 **winner** ['wɪnər] 승자
winning 이기는 win 이기다

1 winter ['wɪntər] 겨울

5 **wireless** ['waɪərləs] 무선의
wirelessly 무선으로 wiring 배선

2 wisdom ['wɪzdəm] 지혜

1 wiser ['waɪzər] 더 현명한
8 **wish** [wɪʃ] 소원
wished 바란
368 **with** [wɪð] ~와 함께
within 내에 without 없이
1 witnessing ['wɪtnəsɪŋ] 목격하는
5 **woman** ['wʊmən] 여자
8 **won** [wʌn] 이겼다
8 **wonder** ['wʌndər] 궁금해하다
wondered 궁금해한 wonderful 훌륭한
wondering 궁금해하는
4 wood [wʊd] 나무
wooden 나무로 된
6 ***woodchuck** ['wʊdtʃʌk] 마멋 (북미산 설치류)
1 wool [wʊl] 양모
34 **word** [wɜːrd] 단어
words 말
121 **work** [wɜːrk] 일하다 11,14단원
nonwork 비업무 teamwork 팀워크
worked 일한 workers 근로자들
workforce 노동력 working 일하는
workload 작업량 workplace 직장
workshop 워크샵 workspace 작업 공간
work on ~에 대해 작업하다
work out 해결하다
88 **world** [wɜːrld] 세계
worldview 세계관
3 worn [wɔːrn] 착용된
9 **worry** ['wɜːri] 걱정하다
worried 걱정하는 worryingly 걱정스럽게
4 worse [wɜːrs] 더 나쁜
worst 최악의
1 worship ['wɜːrʃɪp] 숭배하다
11 **worth** [wɜːrθ] 가치 있는
trustworthy 신뢰할 수 있는 worthless 가치 없는
worthwhile 가치 있는
110 **would** [wʊd] ~일 것이다 7단원
2 wound [wuːnd] 상처
wounded 부상당한
3 wow [waʊ] 와우 (놀람의 표현)
2 wrapped [ræpt] 포장된
2 wreck [rek] 난파선
shipwrecked 난파된
1 wrestle ['resl] 레슬링하다
2 *wriggle ['rɪgl] 몸부림치다, 꿈틀거리다
wriggled 꿈틀거린
1 wrinkle ['rɪŋkl] 주름
54 **write** [raɪt] 쓰다
writer 작가 writing 쓰기 written 쓰여진
write down 적어두다
11 **wrong** [rɒŋ] 잘못된
wrongs 잘못
9 **wrote** [rəʊt] 썼다
2 yard [jɑːrd] 마당
82 **year** [jɪər] 년
1 yelling ['jelɪŋ] 소리 지르는
1 yellow ['jeləʊ] 노란
5 **yes** [jes] 네
3 yesterday ['jestərdeɪ] 어제
13 **yet** [jet] 아직
4 yield [jiːld] 산출하다, 항복하다
1 yogurt ['jəʊgərt] 요구르트
303 **you** [juː] 너
21 **young** [jʌŋ] 젊은
younger 더 어린 youngest 가장 어린
158 **your** [jɔːr] 너의
14 **yourself** [jɔːr'self] 너 자신
7 **youth** [juːθ] 청춘
youthful 젊은
1 zealous ['zeləs] 열성적인
1 zebra-striped ['ziːbrə straɪpt] 얼룩말 무늬의
1 zip [zɪp] 지퍼
4 zipline ['zɪplaɪn] 짚라인
4 zone [zəʊn] 지역 4단원
1 zoomed [zuːmd] 확대된

영어 습관 만들기 이벤트!

bit.ly/4hk62hr

매일 아침 영어 카톡

문법 주제별(매월 변경) 영어명언+해석/해설을 매일 무료로 드립니다. 독해 실력 향상 및 영어 감을 유지할 수 있습니다. 또한, 영어에 대해 궁금한 점은 실시간 질문/답변이 가능합니다. 어서 들어오세요!

bit.ly/4866xku

원하는 도서 1권 증정

마이클리시 책으로 익히는 모습을 하루 1회씩 10회 이상 올리시면 원하시는 마이클리시 책을 드립니다. 단, 배송비 절약문고는 불가능하며, 1인당 1회만 가능합니다. 자세한 사항은 QR코드로 접속하세요.